世界發明冠軍教你 3P 解題思維，
打造 AI 時代最稀缺的創新能力

逆思的勝算
Reversal Thinking

陳俊成————著

目 錄

好評推薦	5
推薦序　讓創意思維從教室走向世界／馮美瑜	9
推薦序　從提問到解決，重建思維的勝算／吳婷婷	11
推薦序　逆思而行，開拓創新的超能力／許毅然	13
作者序　從逆勢中創造機會	15
前言　創意，其實可以訓練的	21

第 1 章　AI 時代的創意與啟發：教育再思考

01	你要吃什麼鴨？	26
02	學生與學問：我們究竟在學什麼？	37
03	到底什麼是高等教育？	43
04	「就學即就業」的實踐	49
05	人能創意，非創意人	55
06	角色扮演教育	61
07	考 100 分又怎樣	69
08	要有跨領域的專業	76

第 2 章　發現問題，就是學以致用

09	發現問題的第一步：從生活的不爽開始	82
10	練出創意的三大原則 × 六大步驟	85
11	發現，不等於發明	90
12	好奇心的「為什麼」	97
13	紙筆＋臉書：打造你的創意資料庫	102
14	習慣，是創意的絆腳石	107
15	大腦的慣性陷阱：啟動你的觀察力	116
16	大腦很懶惰，但你可以更聰明	123
17	別盲信專家，懷疑才是創意的起點	128
18	用五感與換位，啟動你的想像力	134

第 3 章　學以運用，就是懂得定義問題

19	重新定義問題：創意與價值的關鍵	144
20	定義問題，是通往創新的橋梁	151
21	有脈絡與深度的 18 種思考法	159
22	要會問「問題」，更要會「問對問題」	191

目 錄

第4章　解決問題，就是學以實用

23	從「人事時地物」找到解方	202
24	創造市場需求，再用「三安」打造暢銷品	205
25	善用 Google 與 AI 工具的力量	213
26	想的，跟做的，完全不一樣	217
27	「簡單」就是一件「不簡單」的事	220

結語　AI 時代的現實與挑戰　　229
附錄 ❶　重要的創意發明年表　　239
附錄 ❷　創意金句，淬煉自大師思維　　243
附錄 ❸　淬煉自我的創意金句　　251

好評推薦

「創新思考的脈絡,是整個創新過程中無法省略的思維環節。如何去『發現問題』、『定義問題』和『解決問題』的 3P 思維法,就是一種創新的思維方法。俊成老師提出的 3P 思維法,結合 3 大原則、6 大步驟及 18 種思維武器,貫穿了創意、創新及創造的思維。這是一本從本質上強力推薦的好書,大推。」

—— 王潔雯,新北市立淡水國中校長

「教育強調尋找標準答案,卻忽略了 —— 沒有標準答案的問題,才是未來最關鍵的挑戰。俊成教授以發明家的視角,結合實務經驗,教我們如何打破框架、重新定義問題。這不只是一本書,而是一堂人人都該修的『逆思課』。」

—— 李滙慈,新北市私立東海高級中學校長

「陳教授把這二十多年來,帶領學生將理論與實務結合,一步一步實現創意、創新及創造的精采過程集結成冊。擁有這本書,你將有所不同。」

—— 廖志成,鏡電視董事長

> 逆思的勝算

「陳俊成教授的《逆思的勝算》一書從改變出發，引導讀者發現問題、定義問題進而解決問題，嘗試用創意、創新、創造的思維來面對變動的時代。本書淺顯易懂，且貼近生活，值得學生閱讀；在 AI 時代，知識的獲得不需死記，而是要透過學習培養正確的態度、善加使用科技工具，以新的觀念嘗試突破，也唯有如此才能在藍海中勝出。」

——潘泰伸，新北市淡水商工校長

「鼓勵大家勇敢釋放自己的天才武功祕笈。陳俊成教授誠懇分享自己創造發明的經驗。」

——楊尚青，新北市立福營國民中學校長

「本書以系統化的思維訓練為核心，引導讀者拆解複雜問題，掌握『天下無難題，只怕逆思者』的創新之道。透過逆向思考與跨視角重組，驅動創造與實作的能力，將抽象創新轉化為具體行動。這是一本適合教育工作者、高階職場人士、跨領域人才不可錯過的進階指南，讓你從思維升級到問題解決，打造個人競爭力的關鍵工具書。」

——夏至賢，國立宜蘭大學資訊工程學系特聘教授、
全球前 2% 頂尖科學家

「經常問學生與同仁,十年後用 Google 或 ChatGPT 搜尋現在的學校,可能找到什麼?面對未知總是讓人不安,俊成教授在《逆思的勝算》一書中告訴我們如何有效思考,在逆勢中創造價值,在眾聲喧嘩的人工智慧浪潮中,值得我們靜下心來閱讀反思,解決生活與工作中所面臨的各類問題。」

——周仁尹,桃園市大興高中校長、
新北市桃子腳中小學前校長

「創意,是一種生活的敏感度;創新,是重新定義問題的勇氣;創造,是讓思維落地的溫度與行動力。陳教授以發明家的視野與教育現場的歷練,毫不保留地分享他獨特的提問心法與逆向思考技巧,開啟讀者的新視角與思考革命。」

——漂漂老師蔡雅琦,中華數位設計創作協會
榮譽理事長、梵影媒體執行長

「AI 的效能＝行動力＋表達力,陳教授的行動力與表達力都是一百分,非常契合一般學生的學習。」

——陳美保,臺北市立木柵高級工業職業學校校長

「現在是 AI 的時代,從本書可以啟發與教導我們如何

活化大腦,打破舊有框架,走出傳統教學的束縛,進而躍上世界大舞臺。」

―― 魏大千,魏大千律師事務所主持律師

推薦序
讓創意思維從教室走向世界

—— 馮美瑜，臺北城市科技大學校長

在教育現場深耕多年，無論是課堂、校園或產業合作，常聽到的疑問是：「學這些真的有用嗎？」這個問題不只是反映學生的焦慮，更是對整個教育體系的提醒——我們是否教會了學生真正能在未來社會中使用的能力？

《逆思的勝算》正是一部勇於正視這個問題，並提供具體解方的作品，進一步帶領讀者進入一場創意思維的探索之旅。從發現問題、定義問題，到解決問題，一層一層拆解「學以致用」的核心精神，強調在行動前，必須先釐清問題的本質，才能真正解決實務中會面對的問題。這個看似簡單卻常被忽略的觀念，正是教育應回歸的起點。

作為一所致力於實務導向與創新教育的科技大學，我們深知在 AI 與數位浪潮下，**學生所需的不只是知識，而是能看見問題、連結觀點、整合技術、提出解方的能力**。而這一切，起點就是創意思維。

這本書最令人欣賞之處，在於它不僅談創意，還深刻

剖析「為什麼創意在現行教育體制中難以生根」的結構性問題。書中許多章節，如〈你要吃什麼鴨？〉、〈考100分又怎樣〉、〈學歷真的很重要嗎？〉……以幽默但犀利的語氣，拋出了我們早已習以為常但從未深問的教育迷思，處處可見對學習本質的提問與翻轉。

教育從來不只是知識的傳遞，更是創造未來的起點。在這個變動快速的時代，讓學生具備創意思維與問題解決力，就是給他們一張真正通往世界的入場券。我誠摯推薦《逆思的勝算》，給所有教育工作者、創新推動者，以及正在尋找「如何把知識變能力」解方的你。唯有讓學生的思考能力被真正點燃，創意才能走出教室，走進世界。

推薦序
從提問到解決,重建思維的勝算

—— 吳婷婷,國立雲林科技大學技術及職業研究所講座教授兼任技職所所長、師資培育中心主任

　　在教學的過程中,我們總希望學生可以擁有高層次的思維能力,甚至可以與老師們辯論,有系統化地提出問題、解決問題,最後達到目標!但一直無法有實際應用的書籍,提供完整的模式,引導學生們如何思考!

　　俊成所提出的,是如何去「發現問題」,然後明確地去「定義問題」,最後再根據定義好的問題去提出有效「解決問題」的技巧或方法。一般我們所認知的,是當發現問題後,就馬上想盡辦法來解決,但俊成所提出的是,應該在解決問題前,先清楚地定義好問題,這樣才能達到最佳及有效的解決。就如同書名《逆思的勝算》,當我們所獲得的知識或經驗中,應要站在各種不同角度去思維各種可能性——**「角度不同,思維就會不同。」**這不就是一種逆思嗎?有了這種逆向的思維,才有機會達到所謂的勝算。

　　那要如何去「發現問題」、「定義問題」和「解決問

題」?在書中,俊成利用超過二十年在教學現場的經驗,提出了「三大原則、六大步驟」,再利用多種的思維武器技巧來貫穿整個創意、創新及創造的思維。我想在這個 AI 的時代中,**除了我們需要具備 AI 的能力,但更需要如何擁有創新的思維,才能在這個環境擁有競爭力的勝算**。這本書寫出了我所希望培育的技能,也符合各領域問題解決的方式,極力推薦之!

推薦序
逆思而行，開拓創新的超能力

—— 許毅然，南臺科技大學電機系特聘教授

很高興看到臺北城市科技大學資工系陳俊成主任在百忙中撰寫《逆思的勝算》，為讀者揭示如何突破慣性與框架的思維，如何在有限的資源與環境中找到創新的突破口，並在逆境中創造機會。

我與陳主任相識已將近二十年，最初是在國際發明展上結識的，對於他在發明與創意方面的卓越成就，我一直深感敬佩。此外，陳主任的演講遍及數百場，每一次都能用淺顯易懂且生動活潑的語言，讓聽眾迅速理解並投入其中。他不僅對創意思考有獨到見解，還能將這些理念具體而生動地傳遞給每一位聽眾，這樣的能力讓他成為了典型的「逆思而有成就」的勝利者。

宋朝的張載曾說：「於不疑處有疑，方是進矣。」這句話的意思是，若我們只停留在慣性思維中，就無法突破自己，永遠只能成為他人步伐的追隨者。就像當前看似成熟的矽晶體，它也並非完美無缺，但光程研創（Artilux）成功

發表全球首個鍺矽單光子雪崩二極體,讓早期的半導體材料重新煥發生機,並被台積電大力投資,甚至登上了工程界少見的《自然》期刊。因此,真正的突破往往來自於「逆思」——這種逆向思考能讓我們打破局限,取得非凡成就。

成功者的關鍵不在於死記標準答案,而是在於懂得如何定義問題並找到創新的解決方案。這種解決問題的能力,正是被許多人忽視的「超能力」。本書以3大原則、6大步驟、18種思考方法幫助讀者逃脫慣性思維的束縛,通過陳主任親身經歷與豐富學養的引領,相信對於有心突破自我、探索創新思維的讀者,將是一部極具啟發性和實用性的著作。

最後,我祝願本書能為讀者帶來無窮的創新動力,開啟屬於自己的「逆思勝算」。

作者序
從逆勢中創造機會

我想，你會從書架或網路書店上看見這本書的書名《逆思的勝算》，才因此被吸引翻閱，進而來到這一頁的自序。你或許會好奇：「什麼是逆思？什麼又是勝算？」

事實上，這正是我想與你分享的核心：我們如何看待改變，如何跳脫慣性與框架的思維，如何在限制中找到破口，並在逆勢中創造機會。這些轉變的起點，往往來自一個與眾不同的問題，一種不按牌理出牌的思考路徑，也就是所謂的「逆向思考」。**擺脫舊有的思維方式，就是破除傳統的慣性與框架，這就是一種勝算的機會。**

這本書，不是要給你一套所謂的「標準答案」，而是邀請你學會從各種不同的角度切入問題，打破理所當然的慣性邏輯，進一步培養三項關鍵能力：**創意（思考問題的能力）、創新（創造價值的能力）、創造（實作問題的能力）**，以及發現問題、定義問題、解決問題這三種問題解決能力。

AI 工具，是現代人的基本配備

近幾年，AI 人工智慧的迅速發展，讓我們不得不面對一個現實：**如果想要維持競爭力，就必須懂得運用 AI 工具。**這聽起來或許有點誇張，但不可否認，這就是事實。坦白說，如果你不懂得運用幾個 AI 程式或工具，真的會被其他人遠遠甩在後頭，當然就會失去競爭力。

我必須很認真地說，現在 AI 人工智慧的運用你一定要懂，這就像你不可能不會用手機、不會用 Google 搜尋資料或不會收發電子郵件一樣，只是看你用到什麼程度。這些早已是現代生活的基本技能了。

現在大概沒有人會手寫一封信，裝進信封、貼上郵票，再走到郵局或郵筒寄出吧？就算這麼做了，最快也要隔天郵差才能送達。現在也越來越少人會寄賀年卡或聖誕卡，不是因為不重視，而是因為有更快、更便利的工具可以取代。同樣地，用手機開啟 Google 地圖導航，也早已成為日常習慣。你不會真的跑去書局買紙本地圖吧？說不定書局裡連這種地圖都沒在賣了，如果還有，大概也是很久以前沒賣掉的庫存品吧！

不懂工具，是否就是現代文盲？

你覺得，如果現在真的不會使用這些基本工具，還能談得上什麼競爭力嗎？別說競爭力了，光是要在日常生活中順利生活下去，恐怕都會很吃力。

更嚴肅一點來說：假如你現在不會用手機（現在連八十幾歲的阿公阿嬤都會用 LINE 打電話了！他們即使不會打字，還會用筆寫在紙上，再拍照傳給朋友 —— 我們家的阿公阿嬤就是這樣），不會用 Google，那就真的像是 21 世紀的「新文盲」。在這種狀態下，還能說自己具備競爭力嗎？

其實，這些能力早已不是什麼技術門檻，而是我們在生活中應該具備的基本生存技能。

工具的價值在於「善用」而非「會做」

我要你思考的是：在這個時代，你應該學會的是如何善用 Google 的各種功能，來滿足日常生活的需求。你不需要為了查資料就去開發一套搜尋引擎，也不需要會寫程式來打造一個導航 App。會用、用得好，才是真正的生活能力，不是凡事都從零開始打造一套系統。

但我還是要提醒你,現在很多人都在「運用」甚至「玩」各式各樣的生成式 AI 工具,像是 ChatGPT、DeepSeek 等等。這些工具背後,其實都是建立在 AI 人工智慧(Artificial Intelligence)、大數據(Big Data)、機器學習(Machine Learning)與深度學習(Deep Learning)等複雜技術之上。

這些科技真正的價值,是讓我們在生活中變得更有效率。不論是職場工作的加速、醫療診斷的輔助、教學學習的強化,還是日常瑣事的便利化,AI 的應用正不斷讓我們更快速、更精準地解決問題,也更有效降低時間與資源的成本,協助我們過得更好。

真正的會用,不只是「打幾個關鍵字」

但你有真的好好想過嗎?你覺得自己真的「會用」Google 嗎?你覺得你真的「會用」ChatGPT 嗎?你真的懂得如何「會用」DeepSeek 嗎?

我可以很坦白地說:大多數人,其實只是「會輸入幾個關鍵字」,查自己想找的資料而已。你在使用搜尋引擎的時候,會加上「+」或「−」來篩選關鍵字嗎?你知道

「filetype:」這個指令可以幫你精準鎖定檔案格式嗎？你知道 Google 有內建計算機功能嗎？你知道 LINE 在輸入簡單的算式時，也能自動幫你進行加減乘除的計算嗎？

這些功能與技巧，你真的都會？真的都有用過嗎？

所以說，**人類的價值，不應該只是停留在「會使用工具」的層次上。在會用之後，我們應該更深入思考的是：如何改變思維模式，利用各種角度來思考，最後透過逆向思維來決定你的勝算。**

你是否曾經想過，Google 為什麼要免費提供導航功能？為什麼 Google 地圖能夠即時顯示前方路段是否塞車，甚至以紅色標示壅塞路段？這些強大而便利的功能，背後到底是怎麼設計出來的？

這些問題，才是真正打開創意思維大門的起點。

人類的價值，在於創新思維

這些強大而便利的功能，其實都源自人類的創意思維。是人類創造出來的「附加價值」，讓科技不只是存在，而是真正融入我們的生活，解決我們的問題。

因此，我想透過這本書，把我超過二十年來在創新與

實踐上的經驗，分享給你。我所理解、並希望傳遞的「創新思維」，從來不是一句空泛的口號。在人類與科技共存的現在與未來，我始終相信：**人類最大的價值，不只是會使用工具，而是懂得運用創新思維，持續改善生活中的種種不便，並有效解決問題**。這就是我所認為的「人類的價值」。

首先，要感謝采實文化的邀約，才有這本書的誕生。當然，在我學習創意、創新與創造的過程中，也非常感謝所有曾經給我指教與啟發的人。這本書的寫作過程，幾乎都是在白天教課之餘的下班時間、或是假日抽空完成的。過程中有許多挑戰，也更加感激我最親愛的家人一直以來給予我最大的支持與包容。若沒有他們，這本書可能很難順利完成。

本書內容，全部來自我個人的思考與研究成果，以及在教學現場的真實經驗，並結合閱讀過百本以上與創意思維相關的書籍與期刊所累積的心得。這不是一本艱澀難懂的書，你可以當作教科書閱讀，也可以當作睡前的讀物，甚至用來蓋泡麵或墊桌腳也沒關係（笑）。但我真心希望，你能從中獲得一些啟發，讓這本書對你有所幫助。

前言
創意，其實可以訓練的

開始之前，先問你幾個問題：

- 知識等於力量，真的是這樣嗎？
- AI 到底會不會毀滅人類？
- 你能用一句話解釋什麼是「生成式 AI」嗎？
- 你會思考嗎？那你真的有在思考嗎？
- 你去市場買菜會殺價，為什麼看醫生卻從來不會這麼做？
- 你知道在巴西監獄裡，受刑人看一本書可以減幾天刑期嗎？

也許你的回答會是這樣：

- 對啊，老師從小就這樣教我們。

- AI 很厲害,也許真的會毀滅人類。
- 生成式 AI 就是人工智慧,可以幫我做很多事。
- 我有在思考啊,每天都在想事情。
- 看醫生,哪有人在殺價的!
- 看書可以抵刑期?太誇張了吧!犯錯的人不但免費吃住,還能靠看書少關幾天,這也太不公平了!

如果你剛剛的回答跟我一樣,那我想說:你真的該好好看看這本書。如果你回答得不一樣,那我更要說:這本書你不能錯過。這不是一本堆砌理論的書,而是一本要幫你打開腦袋、跳脫慣性思維與框架的書。

當「高教普及」失去「教育品質」

那麼,我再問你一個問題:你有唸大學嗎?你是大學畢業生嗎?

我常跟學生半開玩笑地說,從前考大學除了苦讀,還得拜拜、求神明保佑。現在只要報名、有去考試,每題都猜「A」,多半也能上。反倒是如果你不想唸大學,可能還得求神明別讓你考上。

這句話雖然聽起來現實又諷刺，但確實反映了當前的教育現場。身為一名在大學教書的老師，我必須說：**所謂的高等教育，正因為普及化與少子化的雙重衝擊，正在快速崩解。**不只是私立大學，就連國立頂尖大學的碩博班、甚至一般大學生，都招不到人。名額還在，學生卻不見了；為了招到學生，只能降低錄取標準，結果自然是整體素質下滑。當「高教普及」失去「教育品質」，那我們還剩下什麼？

在這樣的環境中，我們該如何自處？又該如何養成真正的思考與創造能力？

3P 思維教學法：重建你的解題基本功

這本書，我想帶你建立一套更扎實的思考架構：「3P 思維教學法」（3P Thinking）。我將從三個核心開始，重建你面對世界與解題的基本功：

- 發現問題（Problem Found）
- 定義問題（Definition Problem）
- 解決問題（Problem Solving）

這不是口號,而是我超過二十年來在教學與研究現場累積下來的心法與實證。

我想透過這本書告訴你:**創意思維,不是少數人的天賦,而是所有人都能練出來的能力**。只要用對方法、掌握節奏,創意真的可以訓練,也能實踐。寫這本書,我刻意用口語化、易懂的方式,就是希望你能讀得懂、用得上,更能在職場、學業與生活中,發揮影響力、增加競爭力。

如果你想在 AI 時代擁有創意思維的能力,擁有逆向思維的勝算,那麼請翻開這本書,我期盼它能對你有所幫助。

第 1 章
AI 時代的創意與啟發：
教育再思考

01 你要吃什麼鴨？

「別讓你的孩子輸在起跑點上！」

這不只是句口號,更是一個正在我們周遭真實上演的現象。在臺灣,「填鴨式教育」至今仍普遍存在。許多學校、老師,依然習慣把知識像飼料一樣塞給學生。這是學校的錯?老師的錯?還是家長或學生本身的問題?有時候,真的很難分得清楚。

你知道嗎?偉大的發明家愛迪生,曾被他的老師們一致認為「腦袋有問題」。那麼,究竟是誰錯了?哪裡出了問題?

我們來看看這個填鴨式生態鏈的角色們:

- **填鴨式的老師**:這類老師有一種強烈的使命感,認為自己必須把所有會的、所有考試可能會出的內

容，毫無保留地灌輸給學生，最好還能補充課外內容，教得越多越好。如果時間不夠，那就壓縮體育、美術、音樂等「不重要的課」，通通拿來上正課，才能「不浪費時間」。

- **填鴨式的家長**：他們的願望很簡單也很沉重：每科至少90分，最好能考一百分。孩子除了學校的課要會，還得會鋼琴、小提琴、畫畫、作文、跳舞、跆拳道……什麼都要學、什麼都不能輸。只要孩子想學、老師說要補的，錢不是問題：「錢再賺就有。」最終的期待就是：「如果能考上公立的前三志願，我就會覺得這些補習費、才藝費都花得值得。」

- **填鴨式的學生**：他們不一定真的熱愛學習，而是為了滿足老師與家長的期待，只能一頭栽進書本裡。目標就是：「考前三志願的好學校，將來才能賺大錢，讓父母過好日子。」他們會在書桌前貼滿便條紙，倒數考試天數、寫上目標校名，每天不斷催眠自己：「我一定要考上，我一定要成功。」

白天唸書、晚上唸書，除了吃飯睡覺，就是唸書。他們成了標準的學習機器，為了別人設定的未來，苦撐著。這就是我們所謂的教育嗎？老師、家長、學生，都陷入這場「填

鴨大戰」，沒人願意停下來問一個根本的問題：

你，到底要吃什麼鴨？
是別人強灌給你的知識餵食包？
還是你真正渴望吸收、能讓你自由飛翔的養分？

這章節的標題不是開玩笑，而是一個嚴肅的提醒。當我們都在追求「學會更多、學得更快」，我們是否忘了學習最初的意義：**不是塞進去多少，而是能不能活用、能不能創造**。所以我要強調的是，要有跳脫傳統思維、破除舊有框架，才能實現逆思的勝算及機會。

長得一樣的巫婆，真的比較聰明嗎？

有一次，我去接當時還在唸幼兒園小班的小女兒放學，無意間看到牆上貼滿了孩子們為萬聖節所做的美術作品。我嚇了一跳，心裡忍不住抖了幾下，因為所有的巫婆看起來都一模一樣。每個巫婆的身高一樣、體型一樣，戴著相同的黑色尖帽，拿著掃把的位置也一致，甚至連旁邊南瓜的大小與擺放位置都毫無差異。唯一的不同，只是巫婆旁邊貼上的名

字不一樣。

回家路上，我牽著女兒，一邊忍不住跟太太說：「我們是不是該認真考慮，要不要幫她換間幼兒園？」我心裡浮現一個畫面：老師會不會早就把巫婆的帽子、掃把和南瓜都剪好了，然後依照標準作業流程（Standard Operating Procedures, SOP）逐步指導孩子：「帽子貼這裡，掃把貼這裡，南瓜貼那裡。」這堂課與其說是在教美術，不如說是在教孩子如何準確地塗膠水。

這真的是我們希望孩子待的教育環境嗎？更令人擔憂的是，現在許多私立幼兒園標榜雙語教學、美語環境，用「不要讓孩子輸在起跑點上」這句話吸引家長，彷彿越早學會越多、越像大人，才是贏家。但我想問的是：在幼兒園階段，真的有這麼急迫的需求嗎？當所有巫婆都被做成一個樣子，我們不只是在教孩子美術，更是在不知不覺中，削弱了他們原本擁有的創造力與想像力。

贏在起跑點，卻輸在終點線？

我有一位嫁到紐西蘭的朋友，趁著孩子放暑假時回臺灣。有一天傍晚，他們準備出門逛夜市，走在路上，孩子忽

然好奇地問：「媽媽，現在都晚上九點多了，怎麼還有那麼多學生背著書包？他們不會是剛下課吧？」

朋友笑著回答：「對啊，他們剛從補習班下課。」孩子聽完，露出難以置信的表情說：「為什麼要去補習班？為什麼要上課上到這麼晚？他們好可憐喔！」

這樣的對話，也許對臺灣人來說很平常，甚至早已習以為常。但對從小在歐美教育體系中成長的孩子來說，卻是難以理解的現象。我不是說「國外的月亮比較圓」，而是想邀請大家一起思考：臺灣的教育環境與歐美國家的差別，究竟在哪裡？

我們常說要「贏在起跑點」，但最終卻可能「輸在終點線」。是不是該試著了解別人做得好的地方，反觀我們自己是否有值得改進之處？歐美的教育方式，培養出來的學生，無論是在社會上的表現還是職場的實力，是否更具競爭力？再具體一點來說，臺灣擁有超過百所大學，至今培育出來的諾貝爾獎得主又有幾位？這難道不值得我們深思？

當然，得獎並不是教育唯一的衡量標準。但我們更該關注的是，那麼多受過高等教育的人，是否真的把他們的所學，轉化為社會的貢獻與改變？如果我們的教育體系成為一條標準化的生產線，只為了打造一模一樣的學生，那麼我們所「生產」出來的，將不再是具備創意與解決問題能力的

人,而是一件件無差異的「商品」。

不是沒有高等教育,而是缺乏高等思維

　　我們的社會早已具備充足的高等教育資源,卻始終欠缺與之相稱的「高等教育思維」。尤其在獨立思考的養成上,顯得格外薄弱。

　　從國中、高中到大學,許多學校仍在用過時的教學方式要求學生劃重點、抄筆記、背誦標準答案,然後以高分為目標,一路往升學的階梯前進。升上大學甚至研究所,依舊視「考上哪一間學校」為價值的終點。我想說的是:我們不該再將教育,簡化為背書、考試、升學的競賽。我們應該更早、更徹底地去反思教育的本質:到底是為了讓學生考出好成績?還是為了讓他們具備未來面對世界、解決問題的能力?

　　教育要真正產生改變,必須從「觀念」的根部做起。老師要改變,學生要改變,家長更要改變。我們得重新思考一件事:我們到底希望孩子在學校學會什麼?如果只是會寫出「正確答案」,會背出「標準答案」,那這樣的學習成果,在進入職場後,真的能解決現實問題嗎?在未來不確定且劇烈變動的社會中,這些被灌輸的答案,真的還有意義嗎?

我們更需要的是創意的思維能力、獨立的判斷力，以及面對問題時的靈活應變與執行力。**教育，應該是一個訓練「解決問題」的場域，而不是「複製標準答案」的工廠。** 更令人憂心的是，我們的教育體制正在某種形式下退化為標準化的生產線。學生像商品般被製造出來，規格一致，功能卻模糊，創意更是稀缺。不只如此，這些「商品」中還藏著極高的不良率。博士碩士化、碩士大學化、大學高中化，高中、國中、小學一層層下壓，教育品質跟著滑落，思維訓練卻沒有補上，這就是眼前我們最該警覺的問題。

　　我常跟學生說，成績真的不是最重要的事。別再為了一兩分斤斤計較，因為考一百分不會讓你比較早畢業，也不會保證找到更好的工作。我更在意的，是學生的學習態度：**你到底學會了什麼？這些知識和技能，未來是否能派上用場？是否能為自己創造價值，為社會解決問題？** 這才是教育的核心。然而，至今我們仍習慣用「分數」來評價學習成效，從國小一路評比到博士班。即使到了碩博士階段，修課仍以70分為及格線：「你這門課拿到了幾分？那門課拿到了幾分？」這樣的分數比較文化，難道真的是高等教育該有的樣子嗎？

　　高教的意義，不該只是獲得一張文憑或一組數字，而應該是打造一種思考框架、一套解決問題的方法，甚至是一種

對社會負責的態度。唯有如此，教育才有它真正存在的價值與重量。

不要輸在終點線的思考盲點

美國《高等教育記事報》（*The Chronicle of Higher Education*）[*]早在 2010 年就指出，美國有將近 6,000 名的警衛或工友，擁有博士學位。這樣的現象，反映出高等教育的普及與門檻降低，已讓許多人對進入大學變得不再在乎，也連帶影響了學生對學習的態度。而這樣的態度，又進一步削弱了學習的渴望與內在動機。

英國的創意文化與教育中心（Creativity, Culture & Education, CCE）曾指出：現正在求學的孩子們，未來畢業後將面對一個截然不同的世界，其中有超過 60％的工作，尚未被發明；但同時，也有超過 60％的現有工作，將會被取代。

這樣的預測，不只是冰冷的數據，而是一個迫切的提

---

[*] 1949 年，由科爾賓・格沃爾特尼（Corbin Gwaltney）創刊並成為約翰霍普金斯大學校友雜誌的編輯。並在 1957 年聯合其他大學的雜誌編輯們發起了一項重點在探索高等教育中所存在的問題為主要的研究對象及目標。

醒：我們到底在用什麼樣的教育方式，來準備孩子迎接一個變化劇烈的未來？

我們也該認真思考：「**一開始輸了，最後就一定會輸嗎？**」

如果從未思考過，我們很容易就會相信那句耳熟能詳的話：「千萬不要讓孩子輸在起跑點上。」但事實真是如此嗎？

研究已經證實：我們的大腦在大多數時間，其實都不會真正啟動深層思考。它習慣性地只依賴既有的知識與經驗，選擇最省力、最快速的方式來處理問題。只有在面對重大選擇與壓力時，大腦才會真正啟動有效的思考機制。

我要強調的並不是唱衰我們的教育制度，而是希望大家能更加誠實面對現實。不可否認的是，將歐美國家的教育體系完全複製到我們的文化與制度中，絕非易事。但我仍希望以多年來親身觀察教育現場的經驗，語重心長地提醒你—— **我們需要的是思考，而不是盲從。**

只要不考試的，都不是重要的？

為什麼要區分「教科書」與「課外書」？為什麼學校的

每堂課一定要配合教科書，老師的教學也幾乎完全依賴這本教科書，甚至考試的範圍也只能涵蓋這本教科書的內容？一旦脫離教科書，其他的就被歸類為「課外讀物」，彷彿與正式學習無關。

但考試，真的只能考教過的內容嗎？

考試的真正目的，應該是測驗學生是否理解了某個知識或概念，而不是單純測驗他們是否把教科書背熟。學習的重點，應該放在培養對某個領域的認識與興趣，進而鼓勵學生閱讀大量與該科目相關的知識與常識，無論來源是否來自教科書。

透過閱讀、反思、實作、參與社團活動與公益服務等實際體驗，學生才有機會將所學轉化為真正的思維與價值觀。 最終的問題不應該是「你考了幾分」，而是「你在這個科目中想清楚了什麼？你的見解是什麼？」

這時，「內心獨白」（Internal Monologue）[*]就變得至關重要。它是與自己對話的能力，是一種訓練自我思辨與想像力的關鍵方法。透過自問自答的過程，不僅能激發創造力，更能幫助自己找到學習的方法與方向。

學習絕對不只有一種方式，學校也不是唯一的學習場

---

[*] 自己跟自己的對話中，如何運用在規劃、解決問題、自我反思、自我形象、批判性思維、情感和默讀（在腦海中閱讀）的一種思維。

所,老師更不是唯一的學習對象。更重要的是:**學校不應該成為一座大量複製標準學生的製造工廠。任何地方、任何經驗、任何契機,只要可以讓你成長與學習,都是珍貴的學習來源。**

02 學生與學問：我們究竟在學什麼？

什麼是學生？學生應該做些什麼？什麼是學問？學問能帶來什麼？

這幾個問題，乍聽平凡，卻很少有人真正靜下心來思考過。如果我們願意認真探究，會發現其中蘊藏的意義，其實深刻而值得反思。

學生，「學」是學習，「生」則代表不熟悉的、新的、未知的事物。也就是說，學生的本質，就是學習尚未掌握的知識與經驗。**學生最重要的目的，不在於追求結果（成績），而在於全心投入學習的歷程。**真正有價值的，不是分數高低，而是你在學習過程中拓展了多少視野、思考了多少問題、嘗試了多少新的方法。

學問，「學」依然代表學習，「問」則是發問，是透過嘴巴說出問題。**學問，並不只是把新知記下來，而是在學習**

的過程中學會「如何發問」。這才是真正關鍵的能力。

可惜的是，我們長期以來所受的教育，更在意的是學生是否會「回答」，是否能給出「標準答案」。於是，學生被訓練得越來越會答題，卻越來越不會提問。但**唯有提問，才會引發思考；唯有思考，才會帶動更深一層的學習**。

當我們對一件事感到困惑、不清楚或找不到解答，我們就會想探究、想問出個所以然，這其實是人性的本能。只是傳統教育的環境，往往壓抑了這種本能，只要學生能寫出標準答案、考試考一百分，就會被視為優秀的好學生。但這樣的學習方式，不只限制了我們探索的深度，也阻礙了創意思考的可能。所以我們應該重新思考：什麼才是真正的學問？成為學生的意義，究竟是為了什麼？

學習的態度，比創意和分數更關鍵

我不喜歡考試。尤其我所教授的是「創意思考」這門課，更加堅信──創意絕非能透過考試來評斷。學生的創意能力與學習成果，不該只靠一張試卷來衡量。因此，我傾向以實作與報告作為成績評量的主要依據，並且特別重視學生的學習態度。我始終相信，**學習的態度比創意本身更關**

鍵，也比任何分數都來得重要。

我的評分標準為：平時表現（包括出席率、課堂參與、平時作業與學習態度）占 70％，期末報告占 30％。

起初，我仍照慣例要求學生繳交期中與期末報告，並清楚列出題目、格式、繳交方式與分組規定。然而我發現，這樣反而限制了學生的發揮空間。**規定越多，學生的框架越多；框架越多，創意也就越受限。**

於是，我開始調整方式，只告知報告繳交的時間點，讓學生自行準備。但這時又出現另一個問題：學生反而開始頻繁詢問各種細節。

「老師，報告的題目是什麼？您沒說耶！」
「有規定報告的時間嗎？內容要包含哪些？」
「可以用 Word 嗎？還是一定要用 PPT？」
「要不要繳交紙本？」
「需要分組嗎？一組幾人？」

甚至還有人在這時舉手問：「老師，我可以去上廁所嗎？」

他們似乎擔心自己漏掉任何一項規定。這正是我要點出的重點──這些提問，其實反映出我們教育體系普遍缺乏

的能力：獨立思考。我會引導學生思考兩個問題：

1. 如果老師沒有指定題目，是否代表你可以自由發揮？
2. 我真正想知道的，不是你按照格式完成了什麼，而是：你從這門課學到了什麼？對哪些內容有感？有哪些想法或疑問？希望老師提供什麼樣的協助？

而不是只問「報告要幾頁？」或「格式用什麼？」這些制式問題。這些問題應該是學生之間可以討論、也可以自行決定的。畢竟，這是一門創意思維的課，重點不在「照規定完成作業」，而是「如何展現你的創意」。

因此，我的平時作業也設計成實作型練習，例如：

- 請用一種創意的方式來烤肉？（中秋節主題）
- 如何改造你的肉粽？（端午節主題）
- 如何從便利商店賺到錢？

學生可以用拍照或簡報的方式繳交作業。不論期中或期末報告，我都堅持學生必須上臺發表，並要求他們用自己的語言說明報告內容，不能只是照著簡報逐字朗讀，更嚴禁從網路複製貼上（這是我非常明確的底線）。每位學生報告完

後,我會請臺下同學提問,針對報告內容發表意見,或提出不理解的地方。這樣的課堂設計能讓學生不只是報告者,更是積極聆聽與參與的思考者。

我常對學生說:**唯有能用自己的話說出來的,這才是真正的有在思考,這才是真正屬於你的內容。一旦說不出來,就代表你其實還不理解,或根本沒有在思考。**

從奧地利的畢業會考看教育的本質

在奧地利,高中與高職學生畢業前必須通過一種稱為「Matura」的畢業會考,意指「成熟考試」[*]。這項考試的設計宗旨,是讓學生為即將畢業的自己負起最後一份責任。Matura 包含兩個部分。第一關是撰寫一篇報告,高中生需完成「前科學報告」(Vorwissenschaftliche Arbeit)[†],高職生則為「文憑報告」(Diplomarbeit)。題目由學生自訂,並須完成書面報告與口頭發表,接受評審老師的口試與提問,幾乎可比擬臺灣的碩博士畢業口試。

---

[*] 畢業會考在奧地利稱為 Reifeprüfung。證明通過畢業會考的文件稱為 Maturazeugnis。

[†] Bundesministerium für Bildung, Wissenschaft und Forschung。

第二關則是筆試與口試的綜合考核。學生可選擇參加德文、外語、數學等筆試項目，也需準備三個口試科目，內容可依據個人專長領域選定。這些口試的自由度與難度都很高，一旦準備不充分，唯一的結果就是——重考。

我認為，這樣的制度設計，值得我們深思與借鏡。**真正的學習，不該只是為了通過考試、拿到分數，而應是一場內化知識、表達自我與實踐責任的旅程。**

03　到底什麼是高等教育？

　　學校不是製作工廠，千萬不要再讓教育現場變得機械化、標準化、考試化。這或許是教育體制中，最可怕的一種現象。

　　試問，現行的教育制度，真的有能力與產業實務接軌嗎？真能有效縮減所謂的產學落差嗎？

　　高等教育應具有選擇性，並非每個人都適合，也不必每個人都非得唸大學、研究所，甚至攻讀博士。過去因大學設置相對有限，加上升學競爭激烈，許多人要靠努力讀書、苦熬數年、再加上一點運氣與神明保佑，才能進入理想的學校。我常半開玩笑地說，那時候能考上大學，簡直是祖上積德、天天行善的結果。考上後，全家歡天喜地，不只貼紅榜、放鞭炮，甚至辦流水席慶祝都不為過。

　　而現在的情況恰好相反。廣設大學及少子化導致大學

招生壓力劇增,只要願意報名,幾乎人人都有大學可唸。參加入學考試只要「寫一下」,就有學校會錄取。說得極端一點,如今反而得求神拜佛才有可能「考不上大學」。

你看看現在,有多少人沒有大學學歷?誰沒唸過大學?但這樣的高等教育,真的對所有人都有實質幫助嗎?碩士、博士滿街跑,學歷不再稀有,卻有許多人即使擁有高學歷,仍找不到工作。更別說,有多少碩博士畢業生,從事的工作與教學、研究毫無關聯。

當然,唸碩博士不代表一定要走教研之路,但我們應該思考:這些高階學歷的學習目的究竟為何?如今,多數大學生從事的工作,其實根本不需要大學學歷也能勝任。根據數據,一般勞動與服務業市場占全體就業市場比重高達78.2%,這才是現實。

學生與老師的困境

我在大學任教,時常在課堂上與學生討論這些問題:

我問:「你們為什麼要唸大學?」
學生1答:「因為大家都有大學學歷啊!我

不能沒有啊！就只好一直唸下去。」

學生2說：「家人說先唸完大學，當完兵，再找工作。」

我再問：「那你們希望從大學學到什麼？」
學生沉默片刻：「我也不知道。」

我接著問：「畢業後，你們想做什麼工作？」

學生3說：「我也不知道……現在晚上在餐廳打工，畢業就繼續做吧，看看有沒有機會升店長。」

學生4說：「我會接家裡的事業，我家是做花藝的，專門設計與佈置告別式場地。」

我問他：「那你為什麼會唸資工系？」

他說：「我也不知道，就覺得資工系跟AI有關，以後AI很重要嘛，所以就來唸。老師，我先說，我程式設計的課完全聽不懂，但你說的話我都有聽進去。你不是常講，要有跨領域思維嗎？我想以後用AI來設計各種不一樣的告別式

場景。」

聽到這裡，我也只能苦笑，並不是說這樣的想法不好，只是心裡會覺得：好累。現在的大學教育現場出現另一個現象 —— 學生不太在意自己是不是「在唸大學」。因為現在幾乎人人都有大學可唸，反而讓學歷變得廉價而不受珍惜。

在教學現場，教授在課前得列出各種規定，甚至用帶點威脅的語氣告訴學生：上課不能滑手機、不能打瞌睡，否則平時成績會被扣分，甚至可能當掉。但實際情況呢？真的有多少人認真在聽課？有多少人真正投入在學習？教室裡的畫面是這樣的：不是在滑手機，就是滑到太累了乾脆睡著，一覺到中午。醒來之後，去美食街吃午餐，吃飽又昏沉，再回教室接著睡。這就是我在當今大學與高中職教育現場，最常見到的實景。

學歷真的那麼重要嗎？

學歷真的那麼重要嗎？我不是說學歷不重要，但一定要有一個很好的學歷嗎？一定得是國立學校嗎？學歷真的是就業的保證嗎？

我認為，學歷其實只是一種證明。它證明你曾經繳過學費、註冊過、唸過書，通過考試，最後拿到一張畢業證書。就這樣而已。它並不能完全代表一個人的能力或價值。馬雲曾說：「我不要最優秀的人才，我要最適合的人才。」我想說的是：**「企業真正需要的，是能幫忙解決問題的人，不是學歷最漂亮的人。」**

　　求學過程，我認為就是一種職前訓練，也可以說是「值錢」訓練。學校應該教導我們的是：企業目前最需要什麼樣的實務能力、專業知識與技術？我們又該如何學習、練習與訓練，才能具備這些職場上真正需要的能力？

　　我常對學生說：「找工作不難，但找到理想的工作，真的很難。」教授們在課堂上，如果能幫助學生了解市場現況、產業動態與未來發展趨勢，而不只是展示自己的論文與研究成果，那才是有效的學習。**真正理想的教學，是能把理論與實務結合，讓學生學到能直接運用在職場的能力。**

　　可惜的是，至今仍有不少學校與老師，把「漂亮的學歷證書」當作目標，甚至認為它是進入大公司的入場券。每當我聽到老師（特別是在高中職）對學生這樣說，我真的會感到可惜、失望、傷心，甚至害怕。因為這樣的價值觀，正是讓我們的教育現場難以進步的重要原因。我要強調的是：**企業不是要你的畢業證書，而是要你有「幫公司解決問題」的**

能力證明。那才是真正的入場券。

「學歷不代表能力」，這句話本身沒問題，問題在於——當政府也帶頭強調學歷時，那才是最大的問題。學歷為什麼無法代表能力？是教育政策的錯？是學校沒做好？是老師教得不對？還是學生與家長的期待出現偏差？這些都值得反思。

04 「就學即就業」的實踐

很多學校口號是「畢業即就業」，但學生真的有這樣的實力嗎？以我多年在大學任教的觀察，這其實是個很大的問號。大部分教授從來沒在企業任職過，有些人的第一份正式工作就是當老師，沒有實務經驗，又要怎麼把真實的職場經驗帶給學生？怎麼說明企業運作的模式、競爭方式、面對問題的策略，甚至是決策邏輯？

雖然現在部分課程會安排業界專家與教授共同授課，但這只是少數，而且通常也只安排一學期、十二小時，並非每一門課都能這樣進行。若每堂課都能由教授與業界專家共同設計與教學，讓學生同時具備理論基礎與實務經驗，我相信會更貼近產業需求。

因此，我並不完全認同「畢業即就業」這句話。為什麼一定要畢業才能開始工作？這四年中，如果完全沒有實作

經驗，等到畢業後再進入職場，就會出現巨大的落差。更何況，等你大學四年畢業時，現在學的東西是否還適用？科技發展快速，就像 iPhone 16 都可能出到 iPhone 100 了，你還來得及跟上嗎？

所以我**主張應該是「就學即就業」**。這也是我所在系所長期推動的重點。我們**鼓勵學生邊學邊做、邊做邊學**。讓學生能夠把課堂上學到的理論，直接帶到職場去驗證，這樣的學習歷程才真實、有效。

我教書多年，經常問學生一個問題：「誰能保證自己畢業後馬上找到工作？」又或者「誰能保證畢業後找到理想工作，每月薪水 10 萬元以上？」通常沒人舉手，但只要聽到「10 萬元」，睡著的學生都會醒來。這時我會說，我 19 歲就開始在補習班教書，至今已有 25 年以上教學經驗，曾任十多家企業顧問，演講超過百場以上。我每月收入至少六位數。學生們聽到這些，有些露出羨慕眼神，也有些還是沒睡飽。但我總會提醒他們：「記得，**學歷不代表能力，能力才是關鍵。**」有學歷沒能力是沒用的，學歷只是個過程，它從來不保證你能找到理想中的工作。

想想看，你不會讀四十年的大學，但卻可能要工作二十年、三十年，甚至四十年。所以最重要的，是思考你想過什麼樣的生活，該選擇怎樣的工作環境。我經常說：「找工作

很簡單,但找到理想的工作,很難。」

搖滾區理論與學習態度

在臺灣的教育環境裡,有一種奇怪的現象:上課、聽演講、開會時,絕大多數人都想盡辦法往後坐。我稱這種行為為「搖滾區理論」。奇怪的是,當去看偶像演唱會,大家卻搶破頭要買到真正的搖滾區,即使票價再貴也甘願。演唱會、偶像見面會這類活動,大家都拚命往前衝;但一到上課、聽演講或開會,卻總是想辦法躲到後面去。為什麼?怕被老師點名、怕被問問題、怕引人注意,甚至想著等一下可以比較快離場。你說,是不是你也是這樣?

這樣的思維模式,其實是我們教育環境長年下來的結果。再來,還有一個現象也令人困惑。老師每次問:「有沒有問題?」這時候,全班通常鴉雀無聲。學生不是裝忙,就是裝懂。老師見狀,便說:「好,沒問題,那我們今天就上到這裡。下課!」能夠在課堂上舉手發問的,永遠只是少數幾個人。為什麼?因為多數人心裡在想:「我問的會不會太蠢?會不會被笑?會不會耽誤大家下課時間?大家會不會注意到我?算了,還是別問了。」

每當這種時候，我總會對學生說：「如果你覺得沒問題，那就是有問題。」因為真的有聽懂，就一定會產生疑問，不可能一點都沒有。這時，我會再補一段：「**如果你真的完全沒有問題，那只有兩種可能：第一，你根本沒在聽；第二，你有在聽，但完全聽不懂。只有當你真的聽懂內容時，才會開始想要問問題。**」

更有趣的是，當學生鼓起勇氣想問問題時，開口總會先說：「老師，我可以問一個很笨的問題嗎？」為什麼會這樣？因為我們的教育太少鼓勵學生發問，太少訓練獨立思考，更沒有培養他們解決問題的能力。

我常說：「學校是學習『模仿』的地方。」學的是過去的知識，然後靠記憶、背誦、填鴨、考試來應付。其實，老師應該引導學生延伸思考、啟發理解，而不是只教什麼就考什麼。我們真的需要這樣的教育嗎？這樣的學習模式，真的能幫助我們面對未來嗎？畢業之後，生活和工作裡遇到的問題，往往跟老師教的、課本寫的毫無關係。

我常舉一個例子：「**可以買食譜來看，但不要照著食譜做菜。**」大多數食譜會詳列所需食材與調味料的分量，每一步驟都列得清清楚楚。但真正的料理精髓，不在於照著程序操作，而在於理解這些配料、時間、火候之間的邏輯。如果只是機械地照著做，那這本食譜的價值就會大打折扣。你看

那些名廚，他們煮菜時並不是精準地拿量匙量鹽、量糖，而是根據經驗、直覺和當下狀況做出調整。每道菜的味道，也因為每個人喜好不同而有所差異。這就跟學習一樣，**一旦你執著於「標準答案」，創意思考就此停擺。**

事實上，**上課是成本最低、效益最高的學習方式。**但我們卻總是不願意坐在教室裡的「搖滾區」，真是太可惜了。

學習的渴望來自興趣

所謂的書香子弟，是不是指聞到書的香味就會想睡覺的人？那我也是書香子弟，因為我一看到書就想睡，聞到書的味道更是立刻昏昏欲睡。我的身邊到處都是書，所以不管我到哪裡，都想睡覺。你會不會也是所謂的書香子弟？為什麼會這樣？說穿了，因為沒有興趣，所以才會想睡。

想一想，你在看喜歡的漫畫時，為什麼可以熬夜不睡？你在追劇的時候，為什麼不會睏？你在玩模型、打遊戲的時候，怎麼可以精神百倍？因為這些都是你喜歡、有興趣的東西。正因為你有興趣，所以才會開心、會興奮，自然不會想睡。

我一直認為，沒有不會唸書的小孩，只有對唸書沒有

興趣的小孩。當一件事無法引起興趣,就更難激發出「渴望」。所以無論從事什麼事,一定要從興趣開始著手。只要你對某件事產生興趣,自然會有渴望,這是非常重要的關鍵。當你覺得無聊、覺得痛苦,往往就是因為你正在做一件你不感興趣的事。

所以我常對學生說:「學習要有渴望,渴望來自興趣。」

根據認知儲備理論(Cognitive Reserve Theory)或所謂晶體智力(Crystallized Intelligence)的研究,**只要是你感興趣的事,就會在學習過程中累積大量知識與經驗,存放在腦中**。簡單來說,小男孩一開始喜歡小汽車,接著會自己找書、找影片來看,想認識各種車種。等你帶他上街走在路上,他就能一一指出:「這臺是什麼車,那臺是什麼車。」這就是重點 —— 在沒有壓力的情況下,當你對所學的東西有興趣,自然不需逼迫,你就會想學,甚至培養出專業能力與持續學習的渴望。

05 人能創意，非創意人

我一直認為，學校與老師的教學重點，應該放在鼓勵與培養學生的「獨立思考能力」與「解決問題的能力」。唯有如此，當學生將來面對真正的困難時，才有辦法自己找出解決方法，進而化解難題。**教育的目的，不能只是灌輸課本知識與做人做事的道理，更該讓學生具備獨立思考與實際應變的能力。**

因為，有時候過於僵化的專業知識框架，反而會局限一個人的創意發揮。我想起一個流傳甚廣的故事。某間火柴工廠，在早期機器尚不先進的情況下，常常無法準確地將火柴放進火柴盒，導致消費者買到空盒子，投訴不斷。為了解決這個棘手的問題，老闆費盡心思，請來各路專家、學者、顧問與工程師，討論如何改善機器與流程。他們提出各種昂貴的改良方案與技術，但問題依然沒有完全解決。

某天，老闆回家後神情沮喪，兒子看見爸爸悶悶不樂，便好奇地問發生什麼事。老闆心想，反正這孩子也聽不懂，就當抒發一下情緒，便向兒子簡述了問題的來龍去脈。沒想到，兒子聽完卻笑了出來，說：「爸爸，那你怎麼不乾脆在輸送帶後面放一臺電風扇？調整風力和距離，就可以把空的火柴盒吹走啦！」

這個看似天真的建議，卻讓老闆恍然大悟。原來，沒有專業包袱的小孩，反而能用最簡單、最直接的方式看出問題的關鍵。這個故事提醒我們，不要小看那些沒有經驗的小朋友，他們的天馬行空，有時正是創意的源頭。

再舉一個例子：假設你一個月只有 1,000 元的伙食費，你會怎麼運用這筆錢？大部分人可能會開始計算怎樣最省，如何吃得飽又便宜。如果你的思維只停留在「怎麼省」，那就還是陷在慣性思考的框架中。真正的跳脫方式，是去思考如何利用這 1,000 元，賺到更多的 1,000 元。也就是說，除了節流，更要學會開源。這樣的思維，才是真正的創意與突破。

創意不是天賦，是一種能力

美國一份研究報告指出，5 歲小朋友的創意能力是人生

的高峰期,隨著年齡增長,創意會逐漸減少。這是因為他們還沒有被太多的專業知識與經驗所框限。雖然這些想法可能只是天馬行空的亂想,但往往正是這種不設限的思考,加上我們後天的專業與知識,就能孕育出真正有價值的創意。

反過來說,也正因為我們在 5 歲之後的教育過程中,缺乏對創意思維的訓練與培養,才讓許多人逐漸失去了創造的能力。正如《讓創意自由》(*Out of Our Minds: Learning to Be Creative*)一書的作者、英國創意教育專家肯・羅賓森(Sir Ken Robinson)所說:「我們的教育,讓人脫離了天生的創意能力。」

我常說:「人能創意,非創意人。」這句話參照了孔子的「人能弘道,非道弘人」,意思是創意不會自己出現,而是人要懂得如何運用它。**創意不是天賦,是一種能訓練的能力、一種可以養成的習慣**。要有心、要有方法,更重要的是要去實踐,否則再多的方法都只是空談。

每個人天生都有創意,只是大多數人沒有學會怎麼用。創意可以訓練、可以培養、可以學習,也有方法。它不是某些人才擁有的特殊才能,更不是什麼神祕的特異功能。我常舉一個例子:世界智商紀錄保持人瑪莉蘭・福斯・莎凡(Marilyn vos Savant),擁有高達 228 的 IQ,被金氏世界紀錄認證,但她一生只是在雜誌社擔任專欄作家,並沒有在

學術或社會上留下特別突出的貢獻。這說明了，創意和智商、學歷、經驗，沒有絕對關係。

企業要的是「解決問題的能力」

很多學生與朋友會問我：「老師，你怎麼那麼厲害，懂創意思考、會發明，還熟悉科技與法律？你的智商到底有多高？你是唸哪間大學的？」我通常會笑著回答：「我的智商就是一般人！」我的學歷是國立雲林科技大學技職研究所博士，但我所會的一切，其實跟智商或學歷沒有太大關係，而是因為我真的很喜歡，也很有興趣，再加上一點熱情與渴望。正因為喜歡，我花了大量時間去思考、去學習、去玩。當一個人對某件事產生濃厚的興趣，進而投注熱情與時間，就會自然展現出他的創造力。關鍵不在於你多聰明、畢業於哪裡，而在於你是否願意敞開心胸，全心投入。

很多公司邀請我擔任顧問，不只協助專業問題，也會請我幫忙面試新進人員。在面試時，我會問專業與非專業兩類問題。如果面試者面對專業問題，只能照本宣科地說出SOP流程，雖然答得正確，我反而會打低分；但如果對方雖然答不出正確答案，卻願意思考，嘗試各種可能性去解決

問題，我反而會給他高分（前提是不要亂猜或裝懂）。

面試結束後，有主管問我：「顧問，那位明明回答錯了，為什麼你給高分？」我會說：「我們不是要找只會回答標準答案的人，而是能夠獨立思考、靈活解決問題的人。有些問題，SOP 無法完全解決，當條件改變，解法也要跟著改變。」

另外，在非專業提問時，我也會故意出一些怪問題，例如：「為什麼罔市會在公園裡吃雞排？」「為什麼去醫院要先掛號，還要付掛號費？」我不是在刁難，而是想看看他能不能跳脫框架，展現創意。我們這個社會常用太多規則與制度來限制思維。**規矩太多，限制就多，限制多了，創意自然被壓抑**。當然，冒險總有風險，但若機會大於風險，你願不願意嘗試看看？

創意的本質與價值

根據研究，大約有 75％ 的人認為自己沒有創意，只有 25％ 的人相信自己是有創造力的。我認為，那些自認沒創意的人，其實只是沒有接受過訓練，不知道創意可以怎麼學，也不知道從哪裡開始。

到底該怎麼開始？其實，創意說穿了，就是「用舊元素加上新概念，重新組合」。

管理大師彼得・杜拉克（Peter F. Drucker）說過一句話：「不創新，就等死。」這句話看似嚴苛，其實道出了本質──**若我們喪失了創意思考與解決問題的能力，就會陷入被時代淘汰的風險。沒有創意，不是真的會死。但少了創意，我們會失去競爭力，失去突破的可能，甚至錯過改變命運的機會。**

所以，我想再次強調：每一個人都可以擁有創意，只要你願意學、願意玩、願意開放自己，就能喚醒與發揮原本就存在於你心中的創造能量。

06 角色扮演教育

近年來在教育現場，曾經流行一種教學方式的革新——所謂的「翻轉教室」（Flipped Classroom）。我個人認為，這確實是一種很好的教學變革與學習方式。然而，我也一直在思考：如果再進一步，將這樣的概念轉化為「角色扮演教育」（Role-playing Game Education, RPGE），甚至是「RPG 教室」（Role-playing Game Classroom），是否會更加貼切、更加深入呢？

為什麼我希望稱之為「角色扮演教育」或「RPG 教室」？因為在學習不同學科的過程中，我們能否引入「角色扮演」的精神、態度與方法，試著換個角度思考：**如果我是他／她／它／牠，我會怎麼想？會用什麼樣的態度與方式去詮釋這個角色？**如果能從各種不同的視角出發，再將這些視角融合於各科所要傳遞的知識內容中，那麼，學習將不只是

逆思的
勝算

吸收資訊，而是真正進入理解與轉化。

以〈背影〉為例，看見角色扮演的價值

我們可以來試試看，舉朱自清的〈背影〉這篇課文為例：

> 我與父親不相見已二年餘了，我最不能忘記的是他的背影。那年冬天，祖母死了，父親的差使也交卸了，正是禍不單行的日子，我從北京到徐州，打算跟着父親奔喪回家。到徐州見着父親，看見滿院狼藉的東西，又想起祖母，不禁簌簌地流下眼淚。父親說：「事已如此，不必難過，好在天無絕人之路！」
>
> 回家變賣典質，父親還了虧空；又借錢辦了喪事。這些日子，家中光景很是慘澹，一半為了喪事，一半為了父親賦閒。喪事完畢，父親要到南京謀事，我也要回北京唸書，我們便同行。
>
> 到南京時，有朋友約去遊逛，勾留了一日；第二日上午便須渡江到浦口，下午上車北去。父親因為事忙，本已說定不送我，叫旅館裏一個熟

識的茶房陪我同去。他再三囑咐茶房，甚是仔細。但他終於不放心，怕茶房不妥帖；頗躊躇了一會。其實我那年已二十歲，北京已來往過兩三次，是沒有什麼要緊的了。他躊躇了一會，終於決定還是自己送我去。我兩三回勸他不必去；他只說：「不要緊，他們去不好！」

我們過了江，進了車站。我買票，他忙着照顧行李。行李太多了，得向腳夫行些小費，才可過去。他便又忙着和他們講價錢。我那時真是聰明過分，總覺他說話不大漂亮，非自己插嘴不可。但他終於講定了價錢；就送我上車。他給我揀定了靠車門的一張椅子；我將他給我做的紫毛大衣鋪好座位。他囑我路上小心，夜裏要警醒些，不要受涼。又囑託茶房好好照應我。我心裏暗笑他的迂；他們只認得錢，託他們直是白託！而且我這樣大年紀的人，難道還不能料理自己麼？唉，我現在想想，那時真是太聰明了！

我說道：「爸爸，你走吧。」他望車外看了看，說：「我買幾個橘子去。你就在此地，不要走動。」我看那邊月臺的柵欄外有幾個賣東西的等着顧客。走到那邊月臺，須穿過鐵道，須跳下

> 逆思的勝算

去又爬上去。父親是一個胖子,走過去自然要費事些。我本來要去的,他不肯,只好讓他去。我看見他戴着黑布小帽,穿着黑布大馬褂,深青布棉袍,蹣跚地走到鐵道邊,慢慢探身下去,尚不大難。可是他穿過鐵道,要爬上那邊月臺,就不容易了。他用兩手攀着上面,兩腳再向上縮,他肥胖的身子向左微傾,顯出努力的樣子。這時我看見他的背影,我的淚很快地流下來了。我趕緊拭乾了淚,怕他看見,也怕別人看見。我再向外看時,他已抱了朱紅的橘子望回走了。過鐵道時,他先將橘子散放在地上,自己慢慢爬下,再抱起橘子走。到這邊時,我趕緊去攙他。他和我走到車上,將橘子一股腦兒放在我的皮大衣上。於是撲撲衣上的泥土,心裏很輕鬆似的,過一會說:「我走了,到那邊來信!」我望着他走出去。他走了幾步,回過頭看見我,說:「進去吧,裏邊沒人。」等他的背影混入來來往往的人裏,再找不著了,我便進來坐下,我的眼淚又來了。

　　近幾年來,父親和我都是東奔西走,家中光景是一日不如一日。他少年出外謀生,獨立支持,做了許多大事。那知老境卻如此頹唐!他觸

目傷懷，自然情不能自已。情鬱於中，自然要發之於外；家庭瑣屑便往往觸他之怒。他待我漸漸不同往日。但最近兩年的不見，他終於忘卻我的不好，只是惦記着我，惦記着我的兒子。我北來後，他寫了一信給我，信中說道：「我身體平安，惟膀子疼痛利害，舉箸提筆，諸多不便，大約大去之期不遠矣。」我讀到此處，在晶瑩的淚光中，又看見那肥胖的，青布棉袍，黑布馬褂的背影。唉！我不知何時再能與他相見！

那麼，要如何實際運用角色扮演教育或 RPG 教室呢？以朱自清的〈背影〉為例，我們可以先由老師選定此主題，再簡要說明課文所傳達的重點與核心精神。接著，讓學生分組討論、蒐集資料，思考如何展現課文內容，討論角色分配與演出方式。例如，可以由學生飾演朱自清、他的父親（最好找一位體型稍胖的同學，效果會更生動有趣）、祖母（不一定要女生，也可以是男生反串）、賣橘子的人（若能準備幾顆橘子，更能增強臨場感），以及其他乘客、路人等。再透過短劇方式演出整個故事內容。透過這樣的主動式學習方式，往往會產生意想不到的學習效果。

根據我的教學實驗，這種角色扮演教育具備幾項優點：

- 學生必須先充分理解課文重點與情感內涵,才能準確詮釋角色。他們得「看熟劇本」,才有辦法演得自然。
- 角色分配與劇情設計皆由學生主導,促使他們學習溝通、分工與合作,也能培養時間管理能力,甚至還要親手製作道具。換言之,這樣的學習歷程本身就是一種跨領域整合的實踐。
- 與傳統講述式教學相比,這種方式更容易讓學生深刻理解課文精神與主題意涵。
- 老師可在課堂的前、中、後階段即時給予指導與修正,幫助學生更清楚掌握內容重點與演出方向。

〈背影〉這篇文章的教學重點,不在於背誦內容,而在於理解文字背後所蘊含的情感。若學生能透過角色扮演具體展現這些情感,就能活化學習過程。而老師的角色,便是在過程中協助學生釐清誤解、補充不足,讓國文課不再只是閱讀與背誦,而是如觀賞一場情感濃厚、扣人心弦的戲劇演出。這樣的教學,不但能讓學生無壓力地學習,還會引發主動學習的動機,進一步延伸至跨領域的學習情境,學習成效自然也會顯著提升。

此外,還可以延伸更多教學設計。例如:當一組學生完

成演出後,讓另一組學生馬上進行改編,並用不同的形式重新演出相同主題。這樣不但可以立即檢驗學生的理解程度,也能進一步激發創意思考與問題解決能力。

畢業專題的本質:解決問題,還是形式主義?

傳統的專題製作或畢業專題,常常只是形式化地完成一份簡報,整理出沒有 Bug 的程式碼或完美無缺的統計數據。看似完整的專案成果,實際上卻無法真正解決現實問題。學生只為了順利畢業,老師則為了交差。簡報過程中,男同學穿西裝、女同學穿套裝,每個人依序報告負責的部分,老師問幾個問題後就說:「恭喜你們,畢業專題通過了。」接著拍張團體照、上傳社群網站、收到一堆讚。然後呢?我要問的就是:然後呢?

這樣的專題製作,真的有幫助學生進入職場嗎?學生是否真的理解職場需求與問題核心?

比較進階的專題,會要求學生整合在學期間所學的知識與技能,實際找出並解決一項社會或產業問題。這樣的畢業專題,才是真正有價值的成果展。不只是完成形式而已,更是呈現學生能否把知識轉化為實踐的能力。我參與過許多畢

業專題評審，常看到學生的作品與市場需求之間仍有極大落差，而這個落差，就是教育需要正視的問題。

我們真正應該改變的是：除了專業知識的培養，也要讓學生了解企業與社會實際面臨的問題。唯有培養跨領域整合與解決問題的能力，學生才有可能在未來職場中脫穎而出。

例如：中國浙江省義烏市有一所知名學校，專門培育電子商務人才。學生若想畢業，必須在電商領域創業，並實際賺取一定數額的人民幣。雖然不一定每位學生都達標，但這套制度實際培育出不少百萬富翁。這就是實務導向的教育典範。學生在學期間就能驗證所學、累積經驗，而不是畢業後才開始摸索。

我們不該再說「畢業即就業」，而是要努力實踐「畢業前就具備就業或創業的能力」。**教育的目標，應該是「就學即就業」，讓學習與實務真正接軌**。創業不是照抄他人成功模式，而是一種獨立學習與實驗的過程。畢業後如果無法順利進入職場或開創自己的路，那麼「失業」就可能是第三條不得不面對的路。

07　考100分又怎樣

　　我真的不太喜歡所謂的「考試」。考試只是測驗學生是否把老師教過的內容或課本上的東西記下來。這樣的制度，並不能代表學生是否真的學會了知識或能力，反而常造成不必要的壓力與學習障礙。所以我常說，如果教育方式還是傳統的填鴨式教學，那我可以很大膽地講一句話：「學校，只是一個學習『模仿』的地方。」

　　我真的搞不懂，為什麼一定要靠考試來證明學生是否了解課程內容，或是否掌握老師真正想傳達的意義？我們真正該思考的是：如何引導學生主動學習、主動思考，並培養他們解決問題的能力，這才是教育該賦予學生的核心目標。

　　在這個資訊爆炸的時代，真正重要的，其實是「專業分工」，而不是什麼都要會。當你什麼都會，換個角度來看，其實就是什麼都不精。因此，我在教學二十多年來，一直秉

> 逆思的
> 勝算

持著一個原則：「不用學得多，但要學得精。」我認為，這才是一種真正有效的學習方式與教育過程。

我也常告訴學生一句話：**「學了就要會、會了就要熟、熟了就要通、通了就要精通，最後才能變專業。」**沒有人可以樣樣精通，我們也不需要樣樣都會。但既然要學，就該學會。如果學了卻還是不會，那只是浪費時間。會了之後，還要不斷練習，直到變得非常熟練。沒有花時間練習，就別說自己已經學會了、很厲害了。

一般人，通常只走到這一步：他們覺得自己已經學會，也花了很多時間練習，所以很熟了，就自認為已經很厲害了。而我說，這樣的人，就是「一般人」。

打個比方，大家都用過計算機吧？好像是個廢話問題，但我還是要認真問你一個問題：你真的「會」用計算機嗎？當我問學生這個問題時，很多人會回答我：「我有用過啊，我很會用啊！」接著我再問：「你最常用的是哪些按鍵？」學生都會馬上回答：「除了 0 到 9，還有加減乘除那四個按鍵啊！」這樣講沒有錯。但我要說的是：**如果我們在學任何一件事時，能夠學得徹底、學得精通，那對未來的學習或職場發展，絕對會有幫助。**因為當別人不會，而你會，你自然就比別人多了一個優勢。

很多時候，關鍵的勝負就在這樣微小的差異中展現。

也正是在這些時刻,你與他人之間的「不一樣」,才會真正浮現出來。因此,我常跟學生分享一句話:**「如果你跟別人一樣,你就會和別人一樣;但如果你跟別人不一樣,你才有可能變得不一樣。」**這句話看似簡單,但很多人還是無法真正理解。為什麼?因為你的思維,還停留在過去的傳統框架中。所以,這正是一句值得你靜下心來深入思考的話。

分數的價值與盲點

那我們不妨再進一步想一想:

- 分數真正代表的是什麼?
- 分數能決定你未來的工作嗎?
- 分數能決定你未來的薪資條件嗎?
- 每一門學科 60 分與 100 分之間,差別究竟在哪?

知識真的等於力量嗎?

英國文藝復興時期哲學家法蘭西斯・培根(Francis

Bacon）曾說：「知識就是力量。」所以，知識真的等於力量嗎？

這個問題，我至少問過超過一千位上過我課、或聽過我演講的學生。幾乎有 99％ 的人會回答：「對。」這時我總會反問：「是嗎？要不要再想一想？你們確定，知識真的等於力量嗎？」這時候，學生通常會陷入遲疑，不再說話，甚至開始裝忙。偶爾有人會小聲說：「以前老師都是這樣教我們的啊。」

這時，我會很直接地說：「**如果有老師跟你說知識就是力量，那代表這個老師 —— 沒有真正理解知識。**」或許這樣說對老師不太禮貌，但我說錯了嗎？知識真的會自動變成力量嗎？如果不加思辨，只是照單全收地相信書上、長輩或老師的話，那這樣的知識，真的會產生改變人生的力量嗎？

很多人說，想要有知識就要多閱讀，所以我們被教育：努力讀書、考高分、當第一名，將來才能成為一個「有用的人」。但到底什麼叫做有用？什麼才是「好工作」？我們在學校學的是成功的經驗與方法，卻極少被教導如何面對與理解失敗。

沒有失敗，怎麼知道什麼叫成功？沒有跌倒，怎麼學會站起來？

愛迪生說：「我沒有失敗，我只是發現了一千種行不通

的方法。」這句話才是真正值得學習的態度。

那麼，該如何面對失敗？我總結為三個步驟：

1. **接受失敗，再接再厲**：第一次失敗，一定不好受，但要學會接受。
2. **發現失敗，解決問題**：了解原因，從錯誤中學習。
3. **學習失敗，增強實力**：失敗，是增強實力的其中過程。

如果一個人擁有很多知識、常識、經驗與學問，卻無法適時運用並展現，那麼這些知識就不會產生任何力量。所以我要清楚地說一句話：「**知識要被運用，才會產生力量；失敗要能承擔，才能產生能量。**」最關鍵的學習不是考高分，而是學會：發現失敗、接受失敗，並從失敗中成長。

真正的學習是感到困惑

「我書看完了！」

「我都會了！」

「我沒有問題了！」

> 逆思的
> 勝算

　　如果你常這麼說，或你的孩子總是這樣回答你——那完了，真的完了。這其實是個警訊，代表他根本沒有真正吸收書中的內容。

　　你是否有過這樣的經驗？當你認真投入學習某個專業領域，特別是在閱讀時，反而會產生一種奇怪的感覺：書越看越覺得可怕，越讀越焦慮，甚至像快得憂鬱症一樣。你開始懷疑：「為什麼我讀了這麼多，還是覺得自己什麼都不懂？」

　　恭喜你，這代表你真的有「讀進去」。這正是我常說的：「閱讀越恐怖，吸收越真實。」

　　當你真心渴望理解一本書，就會進入一種心流（Flow）狀態，全神貫注地探索書中世界。而正是在這種狀態下，你會發現更多不懂之處，也會激發你主動尋找答案。於是你開始查資料、找書，接著再讀、再困惑、再尋找……這樣的循環，反而讓你逐步累積了真正的專業知識。

　　但問題來了：如果你只是囤積這些知識，讓它們靜靜待在腦袋裡，卻從未活用，那它們的價值是什麼？最多就是考試分數上的「100 分」而已。可是這 100 分，又代表什麼？能保證畢業？保證高薪？保證實現理想？其實，都未必。

　　所以我經常說：「**知識不會自動產生力量，只有當你懂得實際應用、解決問題、做出判斷時，它才會真正轉化為力**

量。」

當你覺得「我都懂了」，其實只是因為你還沒想夠、還不夠深入。真正的思考，會讓你發現更多不懂的地方。如果你連「不知道該問什麼」的狀態都出現了，那才是真正危險的訊號 —— 因為你甚至沒有開始思考。

所以學習之後，請務必進行深入思考，問自己：「我能怎麼用？可以解決什麼問題？」否則再多的知識，也只是空轉。

我想強調的是：「好奇會產生力量！」「渴望會產生能量！」

在這個資訊爆炸、訊息如雪片般灑落的時代，關鍵在於：**你如何辨識有用的資訊、將它內化成真正有價值的知識，並用來解決問題，這才是學習的核心**。無論是教育者還是學習者，只要沒有經過自己的思考，只是複製而來，那就只是知識的搬運工罷了。這也是為什麼我說：「學校，有時候只是學習模仿的地方。」

08 要有跨領域的專業

　　我從 19 歲就開始教電腦。記得 21 歲那年,有機會到法務部擔任電腦講師,面對的是一群檢察官、書記官。上課時我講得眉飛色舞,但看臺下的表情,明顯就是「聽不太懂」。下課後,他們之間開始聊天,我湊過去一聽,發現我也完全聽不懂他們在說什麼。什麼「純正不作為犯」、「客體錯誤結合打擊錯誤」、「詐欺罪之錯誤要件」……尤其是那個「打擊錯誤」,我一開始還以為他們在聊棒球!

　　後來,我才知道,那些都是法律的專業術語。於是我跑去大學修法律學分,也買了函授課程回家啃。學了一段時間後,我才終於明白,他們談的不是球賽,而是刑法。從那時起,我就深深體會到:**想要激發創意,跨領域的學習絕對是關鍵,而這當中,最實用的方法之一,就是 —— 聊天。**

　　沒錯,聊天。

跟自己不同領域的人聊天，看似隨性，其實能讓你從中碰撞出許多全新的想法。每次閒聊，其實都是在接觸另一種思維模式。你會驚訝地發現：原來世界可以這樣理解、這樣運作。

瑞士工程師喬治・梅斯特拉（George de Mestral）就是個好例子。他在1955年發明魔鬼氈（Velcro），起因竟是一個不起眼的觀察：小狗身上老是黏著芒刺。他開始研究這些芒刺為什麼能緊緊黏住毛髮，發現它們的構造其實像是一個個小鉤子。但這個發現還不夠，他開始找專家聊天、請教，最後找到了懂布料結構的紡織專家，才成功設計出可貼可撕的魔鬼氈。

你有你熟悉的領域，別人也有他們的專長。**跨領域不是你一個人要學會所有事情，而是懂得「如何接通」他人的知識與視角**。聊天，就是最簡單的方式。

2010年，普林斯頓大學的葛瑞格・史蒂芬（Gregory S. Stephen）教授研究發現：**即使是日常閒聊，也會刺激大腦中大面積的神經突觸連結，幫助我們在無形中活化思維**。這正說明了，思考不一定要坐在桌前冥想，有時候，一場看似隨意的對話，就可能帶來關鍵的靈感與突破。

很多人問我：「老師，你怎麼什麼都能聊？朋友也好

多？」我開玩笑說：「因為我都在亂聊！」但其實這是我認真建立知識庫的方式。朋友還會虧我說：「你學生這麼多、朋友這麼多，要不要出來選民意代表？」我通常會笑著回：「我連戶長都當不成，還想選民代？我這輩子最穩的職位，大概就是家長了吧。」

創意，其實就藏在日常的對話裡。只要你願意多聽、多問、多觀察，就能在不同領域中發現新觀點、新方法。這種「社交式學習法」就是創意思考的訓練之一。所以，當你停止了思考，你的創意也會停止。當你停止了與不同人聊天，你也等於拒絕了無限可能的連結。

是學習，還是複製？

畢卡索曾說：「我從來沒有度過我的童年，因為我的童年都是在模仿大人中度過的。」我始終認為，無論是「唸書」還是「讀書」，重點從來不是比誰比較會讀、誰讀得比較多。如果學到的知識無法轉化為應用，那一切都只是無用的堆積──只不過把資訊暫時儲存在腦袋裡而已。

有時會看到有人立下一個很宏偉的目標：「我要一年讀完一百本書！」每當聽到這種說法，我都會想：這樣的目

標意義何在？如果這只是一種鼓勵自己多閱讀、追求知識的方式，我可以理解。但如果只是將「閱讀數量」當成成就指標，那我完全無法認同。

我不贊成以「數量」作為閱讀的主要追求。你一年讀了一百本書，又如何？若只是讀過卻從未消化，無法將書中的觀點融會貫通並運用於實際，那麼這些閱讀的價值就大打折扣。**讀書不是把書的內容複製進腦袋，而是要經過反芻、內化，成為屬於自己的養分。**

我自己的讀書速度一向不快，一本書常常要花很多時間才能讀完。當然，這也跟我日常工作繁忙有關──除了教課，我還身兼學校的行政主管，工作之餘能夠完整靜下心來讀書的時間並不多。但更重要的是，我在讀書時會邊讀邊想，邊想邊記，甚至把想法轉化為自己的筆記，再整理成我真正吸收的重點。

在我看來，**讀書是一種需要「細嚼慢嚥」的過程。唯有搭配自身的感受、思考與理解，才有可能真正消化、內化，成為你的知識與觀點。**每個人讀書的方法都不同，不需要模仿別人的方式。因為別人適用的方法，不見得適合你。找到對你最有效的，就是最好的方法。

第 2 章

發現問題，
就是學以致用

09 發現問題的第一步：從生活的不爽開始

創意，說真的，沒什麼了不起。它不是什麼天外飛來的神祕力量，也不是只有天才才會有的特權。創意比的，其實就是「誰先想到！」這樣而已。

那麼，要怎麼樣才能搶得先機、比別人早一步想到呢？關鍵就在於 —— 創意是有方法的。**只要掌握方法，你也能養成跳脫框架、發想點子的能力，而不是只能等靈光乍現、靠運氣碰巧想到好主意。**

「看誰先想到！」這句話，其實說的就是一種發現問題的能力。而問題，要怎麼發現？我先問你幾個問題：

- 有沒有什麼事讓你超討厭？
- 有沒有什麼事讓你肚爛到不行？
- 有沒有什麼事一想起來就讓你火冒三丈？

- 有沒有什麼事老是煩到你？
- 有哪件事，做起來你總是覺得「好煩喔」？

如果你點頭如搗蒜，恭喜你，這些情緒反應就是你「發現問題」的起點。

最簡單的問題發現法，就是從你自己的生活中下手。你討厭的、煩躁的、不爽的，十之八九，也有人跟你一樣。這代表這不是「你個人的問題」，而是「大家的問題」。只要你能針對這些狀況提出解方，就不只是解決了自己的煩惱，也解決了別人的問題。這就是創意的第一步。

問題 = 期待 - 現實

那麼，所謂「問題」到底是什麼？這裡提供一個很實用的定義：

問題 = 期待 - 現實

當我們心裡有個期待，結果現實完全不是這麼回事，中間的那個「落差」，就是問題的來源。因此，問題其實是一

種感受的差異,是一種「這樣應該更好吧?」的直覺反應。如果你總是覺得哪裡怪怪的、哪裡不順,甚至覺得日子過得煩到不行,恭喜你,你的「創新發明」可能就快誕生了。

英國作家喬治・摩爾(G. E. Moore)曾說過一句話:「當貧窮來臨時,創造力就會到來;當富裕來臨時,創造力就會離去。」這句話雖然有點悲觀,但也點出了真理:當現實讓人無法滿足時,正是創造力最活躍的時刻。反之,當一切太過安逸,創意反而會悄悄溜走。

這也是為什麼我常常強調:**對任何事,都可以抱持一種「它應該可以更好」的態度。**不要輕易滿足於現狀,而是試著去問——如果換個方式做呢?如果放在不同的情境中呢?這樣的創意思維,才能讓你持續找到問題、打開機會。

其實,發現問題一點都不難,難的是「知道怎麼發現」。多數人只是缺少方法和技巧而已。學會發現問題,其實就是學會從各種角度,找到已存在或即將出現的挑戰,然後進一步運用你擁有的技術、知識與經驗,提出一個誰都沒想過的解法。

10 練出創意的三大原則 × 六大步驟

很多人一聽到「創意」，就會下意識認為那是天才的專利，彷彿創意思考只屬於少數有靈感、有藝術細胞、有腦洞大開特質的幸運兒。但我必須要說，創意真的沒有那麼了不起。它不是某種天外飛來一筆的神蹟，也不是一種遙不可及的才能。**創意，說穿了只是在比 —— 誰先想到！**

所以，重點來了：如何才能比別人先想到？我的答案是 —— 創意其實是有方法可以訓練的。只要你願意練，就能比別人更快想到解法。

多年來，我從事創意思考的教學與引導，帶過從小學生到企業主管，無論年齡、背景、職業，只要有系統地學習與練習，人人都能提升自己的創意思考力。我將這些經驗整理成一個對初學者最友善、也最實用的架構：**「三大原則、六大步驟」**。

三大原則：創意思考的黃金流程

1. **發現問題（需求）**：創意的第一步，不是從點子開始，而是從「問題」開始。你得先找到值得解決的痛點、值得滿足的需求。這就像開車時先決定目的地，否則光有方向盤沒用。
2. **定義問題（手段）**：當你找到一個問題，接下來就要釐清 —— 到底要怎麼解？是提升效率？還是降低成本？這個階段的關鍵是找到最有價值的切入點，讓創意有方向、有依據。
3. **解決問題（目的）**：最後，就是提出具體可行的創意方案。很多人以為創意就是天馬行空，但如果不能實際落地，那就只是幻想而已。真正的創意，是能被實踐、能創造影響力的點子。

六大步驟：創意發想的萬用工具箱

接下來，是我最常用來帶學生練習創意思考的「六大步驟」，每一個都像是一把萬能板手，能轉動你的腦袋，把原本卡住的問題給鬆開來。

- **放大**：試著把一個東西放大來看，可能就會得到全新的靈感。像是「刮鬍刀」放大，就變成了「除草機」——是不是覺得鬍子像草、刮鬍刀像割草刀？這樣的聯想，就很有趣。
- **縮小**：反過來，把一樣東西縮小看，也能得到創意。例如洗衣機的脫水功能縮小，就是「旋轉拖把」。
- **增加**：替一樣物品加一個新功能，例如刮鬍刀加上馬達，成了「電動刮鬍刀」。
- **減少**：減法也是創意。例如把筆電的鍵盤拿掉，就變成了 iPad。
- **分開**：把一個整體拆開，例如「五趾襪」讓每根腳趾都有自己的空間。
- **組合**：兩個元素組在一起常常產生新用途，例如手機加上地圖就是 Google Maps。

進階練習：對比式創意思考詞彙大全

當你熟練六大步驟後，還可以進一步**使用「對比法」進行創意激發**。以下這些詞彙，彼此形成對比關係，是非常適

> 逆思的勝算

合用來練習發想的材料：

厚／薄	保熱／保冷
加高／降低	主動／被動
上面／下面	有電／沒電
左邊／右邊	直流電／交流電
前進／後退	增重／減重
有孔／無孔	動態／靜止
直線／彎曲（如彎曲吸管）	分割／分離
方正／圓潤	有順序／無順序
放大／縮小	開始／關閉
變軟／變硬	加粗／變細
正面／反面	平衡／傾斜
正轉／逆轉	有線／無線
黑暗／光明	循環／不循環
攻擊／防衛	進入／退出
增加／減少	輸入／輸出
組合／分開	神／鬼
相吸／相斥	透明／半透明
連接／斷裂	公開／隱私
加熱／冷卻	冷藏／冷凍

加速／減速　　　　生氣／難過

傳導／絕緣　　　　開心／不開心

最快／最慢　　　　反射／穿透

舒服／疼痛

當你願意思考這些對比詞彙如何轉化、組合、顛倒、拆解,就等於打開了通往創意世界的大門。記得,**創意不只是腦洞大開,更是一種系統化的練習與選擇。**

11 發現,不等於發明

「太陽底下無新鮮事」?其實,真正的問題不是沒有新鮮事,而是你還沒發現而已。所謂的「發明」,往往只是你比別人早一步看見某個還沒被注意到的現象。從人類文明開始以來,每一項看似嶄新的發明,幾乎都是在既有的發現上,加以調整與改造,才創造出一種前所未見的用法或技術。

換句話說,**與其說是「發明」,不如說是「發現得比較早」**。任何新的創意,大多源自對舊知識的重新理解與應用,是站在前人的觀察和成果上,轉個彎,找到新的用途與價值。

來說個例子:餐廳提供電話訂位,這是為了讓客人能提早卡位,滿足他們的期待這就是創意。如果能進一步讓顧客用網路預約,操作起來更省事,這就是創新 —— 改變原

本的使用方式，提供更好的體驗。而若是還能選座位、事先點餐，甚至搭配會員制度，那就是創造——不只讓體驗變好，還創造出新的價值。

這就是模仿思維的力量。將某地區、某產業已經成功的做法，帶到另一個地方或情境中，很可能就會產生令人驚喜的結果。

坦白說，模仿是創意發想中最快上手的一種方式。模仿不可惡，可惡的是複製他人的東西。不管是偷的（Steal）、抄襲的（Plagiarism）、剽竊的（Plagiarism）、混搭（Mash up），只要不是複製（Copy）的都好。只要你有做出自己的調整與轉化，都有機會成為創意的一部分。**真正需要避開的，是那種只會一字不改地複製貼上的「拷貝」。**

最後想提醒一句：**真正有價值的創意，一定會有人挑戰、模仿，甚至抄襲。**因為，只有真正有料的作品，才會讓人想「拿來用」。如果從來沒人模仿過你的想法，那它也許還沒好到值得模仿。

啟動創意的關鍵,是「重新看見」

如果你眼前有一張白紙,沒有經過任何思考,它就只是一張普通的白紙。但只要你開始認真想:「我拿這張白紙來做什麼?」「我可以用這張白紙做些什麼?」那麼它便不再只是白紙,而是創意思考的起點。

再舉個例子,一張桌子通常是由一塊大木板作為桌面,搭配四隻桌腳或是一至兩個ㄇ字型支架所組成。我們之所以把它叫做桌子,是因為這樣的結構在我們腦中早已固定了用途。但這種「它就是桌子」的認知,正是一種慣性 ── 你不會多看它一眼,更不會多想它還能是什麼。

這就是我們日常中最常出現的「直線思維」或「慣性思維」:**太熟悉、太常見的東西,我們潛意識中自動忽略了它們還能有其他可能。**

比方說,衛生紙、A4影印紙、塑膠袋 ── 這些日常用品,取得輕而易舉,自然也就容易被忽視其潛力。結果呢?衛生紙就是拿來擦屁股的,A4紙就是用來寫字影印的,塑膠袋就是裝便當早餐的。從來不懷疑,從來不多想。

但只要開始「思考」,潛意識的好奇心就會被喚醒,進而引發聯想。例如:

- 為什麼一定要用衛生紙擦屁股？不能用溼紙巾嗎？
- 為什麼影印紙只能是 A4 尺寸？難道不能用衛生紙試試？
- 為什麼裝早餐只能用塑膠袋？用不織布或紙袋會怎樣？

這些問題看似無厘頭，卻正是創意的起點。許多發明家都有一個共同特質：就是「愛問為什麼？」當你開始問為什麼，好奇心就會驅動你去找新的解法，發現新的用途，有時甚至能創造出比原本更好、更方便、更低成本的方式。

創意思考並不遙遠，它不是天賦，而是一種能被訓練的習慣。**只要你保有「好奇心」，願意對日常多看一眼、多問一個為什麼，你就能激發出無數創意點子，甚至是實用的發明。**這也呼應心理學中的概念：意識是可控制的，而潛意識是自然反應、直覺反應。懂得運用兩者，你就能將普通的東西，轉變為創新的開始。

創意、創新與創造：三者的差異

美國經濟學學者希奧多・李維特（Theodore Levitt）教

授說：「想出新的事物就是創意，做出新鮮的事物就是創新。」但我認為，**所謂的創意，是提出一種新的解決方法或新的思考模式；而創新，則是將這個新的方法或模式產生出新的價值。至於創造，則是這個新的解決方法或思考模式必須能夠被實際創造出來**，否則，就是白談一場。換句話說：

- 創意是一種多元的思維方式，並且追求某種期待。
- 創新是一種獨特而唯一的概念，超越期待並創造價值。
- 創造則是將創意或創新具體實現，並產生實際價值。

創意：多元組合，突破舊框

創意是最初的靈光乍現，一種來自多元思維與獨特視角的構想。它可能是將原本毫無關聯的元素，透過加減乘除，組合出前所未見的想法。例如：旋轉功能加上延長線，就成了可旋轉插座。這樣的概念簡單，人人可得，但本質上就是創意的開始。

創新：獨特實踐，創造價值

創新是從創意延伸出的升級版本。它不只是組合與構想，更強調唯一性與技術實現能力。當某個想法從未出現過，且結合特定技術，轉化為獨特的設計、產品或商業模式，才可稱之為創新。例如：旋轉插座若首度將 360 度無限旋轉技術應用於結構中，這樣就不只是創意，而是具備實質突破的創新。

創造：具體實現，落地有感

創造，則是讓創新「真的發生」。再好的點子，如果停留在紙上，或無法實際落地，就無法稱為創造。創造強調的不只是「能不能做出來」，還包括「做出來之後是否有價值」。例如旋轉插座若能量產，並成功打入市場、成為生活必需品，那就是創造。

創意需要累積，創造需要實踐

發現問題，是創意的起點；定義問題，是追求創新的目

標;而要真正解決問題,則需要創造的實現力。

舉個我認為很棒的創新例子──發熱衣。這項技術透過特殊棉紗,將人體散發的水氣快速蒸發,再將蒸發過程轉換為熱能,藉此提升保暖效果。這正是結合創新概念與技術實作所創造的實質價值。又如:從有線麥克風進化到無線麥克風、有線網路轉為無線網路、火車系統升級為捷運與高鐵──這些都不只是便利生活的改變,更體現了創新的關鍵:提出前所未有的解法,並創造獨特價值。但如果只是學習、模仿、複製他人的做法,那就不能稱為創新。

創意需要持續累積,創新需要反覆打磨,創造需要一次次實驗與行動。畢卡索一生創作了兩萬多件作品、愛因斯坦發表了兩百多篇論文、愛迪生申請了超過一千件專利。但這些數量中,並非每一件都成為代表作。然而,正是這樣源源不絕的創意輸出與實踐歷程,才讓他們最終留下真正有價值的成果。這也說明了,在創意思考的歷程中,如果能持續湧現大量構想,反而是一種難得的祝福。從大量的想法中篩選出可行方案,正是累積價值與洞見的關鍵。

12 好奇心的「為什麼」

　　好奇心（Curiosity），是所有創意的起點。「為什麼」這個問題，正是大腦探索世界的開關。人類天生對新奇感到興奮，這也是我們喜歡看熱鬧的原因。但矛盾的是，大腦並不喜歡思考。只要事情不是特別重要，它總會選擇用最省力的方式處理，也就是——不思考。

　　我從事創意思考、邏輯訓練與發明教學超過二十年，曾指導無數學生參加發明比賽、申請專利、挑戰各類國際競賽。在這些經驗中我觀察到，**所有表現優異的發明者都有一個共通特質：他們不斷問「為什麼」。不是問一次就結束，而是永遠追問下一個「為什麼」**——為什麼會這樣？那為什麼又會那樣？正是這種追根究柢的習慣，讓他們比別人走得更遠，看到更深。

　　愛問問題、愛湊熱鬧，這些都是人類的本能。從三歲

的孩子，到臨終的長者，只要大腦還在運作，好奇心就從未停止。只是有些人會把好奇心掛在嘴邊，有些人則變得興趣缺缺。這些不常發問的人，往往在成長過程中曾被打壓、忽略，甚至被反駁到不敢再提問。「為什麼」這個問題，曾經帶給他們恐懼。

所以，當孩子、同事或任何人對你提出「為什麼」，請千萬別輕忽這個問題。認真對待每一個「為什麼」，不只是尊重對方的好奇，也是在守護一個人未來的創意潛能。

好奇心＝興趣＋熱情＋渴望

好奇心是大腦與生俱來的反應，它可以是一股強大的驅動力，也可能引來負面後果。**問題不在於好奇本身，而在於它被如何對待、引導與培養。**

可惜的是，傳統教育多半追求「標準答案」，卻不鼓勵「追問」。這也讓許多學生誤以為，好奇是不必要的、是多餘的。事實上，好奇心需要勇氣啟動，也需要熱情灌溉，它和智力一樣，天生具備，卻更需要後天引導。

研究也指出，環境的變化會刺激選擇與行為的改變。餐廳菜單的擺設、商場貨架的動線，都會影響我們的注意力與

決策。而這些改變中，好奇心正扮演著重要角色。當我們改變習慣，就可能喚醒沉睡的大腦，也為創意打開一道門。

我大概是少數喜歡逛街的男生之一。每次提議逛街，幾乎都是我先開口：「這個假日，我們去走走好不好？」「帶孩子去那裡看看怎麼樣？」我太太通常也很樂意答應，畢竟她也愛逛街、愛買東西——更何況，東西通常是我付錢，她當然更開心了。

每次全家一起出門，孩子開心地四處看、新鮮地東張西望，我們自然也會感染那份快樂。就像那句話說的：「媽媽開心，全家就會開心。」對我來說，逛街的樂趣不只是購物本身，更是看見一家人臉上的輕鬆與歡笑，那才是真正的幸福時光。

我特別喜歡到處走走看看。散步、逛街，或是出國旅行，總能讓我發現新鮮的事物。每當看到沒見過的東西，我就會主動問店員這是什麼，順便了解現在流行什麼。這些過程，都讓我感到生活充滿新意。

很多研究指出，**散步時是激發創意的好時機**。不過我不太一樣，平常在堤防、公園散步時，我並不刻意去想事情，因為對我而言，那是放鬆身心、單純運動的時光。**創意反而常在「不刻意思考」的時候冒出來**。

當然，出門最大的挑戰還是塞車和停車難找。但我常把

塞車當成「另類的對話時光」，會和太太閒聊各種話題。這時我腦子也停不下來，總會想：這段路為什麼會塞？是車太多？紅綠燈設計不良？還是大家都想來這裡？我甚至會問自己，如果我是交通部長、警察局長、市長，會怎麼解決？如果我是百貨公司的總經理、這家店的店長，又會怎麼做？

雖然這些問題不一定有答案，也不見得真的會派上用場，但思考的過程總是有趣。誰知道哪天，會不會哪個靈感真的用得上？

除此之外，我也鼓勵大家盡量出國旅行。每個國家都有不同的文化、風俗與人文背景，那些所見所聞，都是滋養創意的素材。只要多走、多看、多想，就會發現世界遠比想像中精采。

個人創意＋團隊創意＝無限創意

所謂「知識假象」（illusion of knowledge），指的是我們常誤以為自己已經什麼都懂了，實際上卻懂得不多。沒有人能無所不知，因此更應該謙卑面對未知。1999 年美國康乃爾大學的研究指出，知識越不足的人，越容易高估自己的能力，不僅無知，還容易自以為是 —— 這正是團隊合作的

重要性所在。

來自團隊的創意,才是真正無限的創意。美國華盛頓大學心理系教授,也是多家企業集團創新顧問的基斯·索耶(R. Keith Sawyer)曾說:「我看到的創意,幾乎都來自團隊,而不是個人。」他的意思並非否定個人的創造力,而是指出:**相較於個人能力的有限,團隊所激發的集體創意,更具競爭力、更能實現突破。**

每個人的常識、專業、知識與經驗都有邊界,但透過團隊合作、集思廣益,往往能超越個人所及。**懂得善用團隊的力量,不只是謙遜的態度,更是一種明智的選擇。**

其實,想要擁有創意思考一點也不難。只要你對生活中某些不便之處感到困擾,或對現況感到不滿、希望有所改變,就已經邁出了創意的第一步。初期的想法也許看似天馬行空,但只要開始思考、開始探索,你就已經進入了創意的世界。

不過,有一點特別值得注意:**不要「刻意」去想創意。當你越是逼迫自己去創新,反而越難產生靈感。**許多創意,往往來自放鬆狀態下的靈光乍現,而不是綁在書桌前的苦思冥想。蘇格拉底曾說:「我唯一知道的,就是我一無所知。」保有這樣的謙卑與開放,也正是創意誕生的最佳起點。

13 紙筆＋臉書：打造你的創意資料庫

　　只要是一般人，我們都一樣，很容易忘東忘西。尤其是剛突然想到的一件事，如果沒有立刻記錄下來，往往等你回過神來，再怎麼努力回想，就是想不起來。那種時候真的讓人氣餒又痛苦。

　　在創意思考的過程中，我們需要記錄生活裡聽到的、看到的、或是突然想到的事情與問題。這時候就需要一張紙來派上用場。一張 A4 紙，可以摺成四分之一大小隨身攜帶，也可以摺成對半大小，在開會或日常紀錄時使用。也許是因為年紀比較大，我還是習慣用筆寫下當下聽到、看到或想到的問題。接著，我會再把它整理成我自己的資料，記錄在數位筆記本裡（通常就是立刻打開手機，把當下的想法完整輸入）。

紙筆筆記法：我的隨身記錄術

你可以參考我的做法。我平常口袋裡一定會放著 1 至 2 張摺成四分之一的 A4 空白紙，加上一枝筆，隨時用來記錄靈光乍現的內容。而在上課、辦公室或開會時，若不方便打開手機，我會使用摺成對半的 A4 紙作為紀錄，這時候的紀錄會比較完整，能把當下思緒清楚地寫下來。這些寫在紙上的資料，我會找時間消化整理，再補進數位筆記本裡。

我不喜歡使用一般筆記本，原因有二：一來多數筆記本都劃有直線，我不喜歡這種設計；二來我喜歡整張紙是空白的，因為在記錄時，除了文字，我還喜歡在旁邊畫圖輔助。所以我習慣使用空白的 A4 紙，記錄各種資料。這些紙通常是使用過的廢紙，背面空白可以再利用，也算是為環境盡一份小小的心力。

至於為什麼我不喜歡使用膠裝或線裝的筆記本，是因為它無法讓我靈活新增資料。我喜歡一張張的 A4 紙，自由地增減內容，寫完後再依類別收納進資料夾裡，簡單、輕鬆又方便。

平常開會時，我也不會帶筆記本，還是會帶 1 至 2 張空白的 A4 紙。開會的重點就是要迅速記下老闆交代的事項，或需要立即處理的任務。接著，我就會馬上著手處理，並在

紀錄的事項旁邊加上備註。若完成了，我會把它圈起來，旁邊寫上「OK」，這一張紙就變成我今天要完成的工作清單。如果今天沒辦法完成，我也能清楚掌握哪些已完成，哪些還沒完成。等到這張紙上所有事項都完成後，我就會拿去回收。

如果無法當下記在數位筆記裡，那我就另外用一張紙，把我想到的重要內容記錄下來，之後再整理進數位系統裡。

臉書：我的數位筆記本

我承認，我是老人，現在還是喜歡用臉書（Facebook）來做記錄！從臉書上可以得到太多資訊了：朋友的動態、朋友分享的文章，還有你訂閱的粉絲專頁所發布的內容。

我不只是會按「讚」，我還會特別留意朋友們分享的各種資訊。只要是我感興趣或覺得有用的，就會使用「分享」功能，轉貼到我的臉書頁面。不過，我會把這些貼文的狀態設為「只限本人」，也就是只有我自己看得到，別人看不到。然後，我會加上分類標籤（例如 #創意思考 #看誰先想到 #網路新聞），再註記我的看法或想法。這樣的用法，對我來說，就是把臉書當成數位筆記本在使用。

另外，我也有經營自己的粉絲專頁，除了能分享我想傳達的知識與資訊，還可以累積成屬於自己的數位資料庫。不但提升了專業成就感，還能分享給更多人，你覺得這樣是不是也不錯呢？

別人的重點，不一定是你需要的

每個人都有自己偏好的記錄方式。不管你是拍照、錄音，還是用筆記記錄，我還是會習慣先用手寫的方式，之後再輸入到數位筆記本裡。雖然這麼做等於重複兩次，但你會發現，這兩次記錄所帶來的思維歷程其實是不一樣的。尤其是第二次輸入到數位筆記本時，思緒往往會比第一次更明確，也更有系統。

不論是手寫還是用數位筆記，都得先經過大腦思考，再透過手中的筆或鍵盤，轉化為條列、有邏輯的紀錄。就在這個過程中，你會不自覺地加深印象，把內容輸入到大腦的資料庫裡。別小看這種看似自然的動作，長期累積下來，這會成為你腦中龐大的資料基礎。

但一定要記得一件事：**不要只是完整抄錄別人的東西。真正有意義的記錄，是用你自己的想法、語言和方式整理出**

來的內容．這一點，非常重要。

我要再強調一次，上課的時候，要專心聽老師說的內容，邊聽邊思考，然後把你消化後的理解，用自己的語言整理記錄下來，這才是真正有效的學習。千萬不要再照抄老師寫在黑板上的字句，這樣做是沒有意義的。

我還想補充一點：我很少在書上畫重點。如果有我覺得重要的內容，我會用手寫或數位筆記的方式記錄下來。我認為，**真正的重點，是你經過思考、整理後產出的想法，而不是單純把別人寫的內容畫下來**。應該是在閱讀後，吸收並轉化為你自己的東西，這才是真正屬於你的重點。畢竟，別人的重點，不一定就是你真正需要的東西。

14 習慣，是創意的絆腳石

有一張考卷是這樣的：第一題到第九題都是計算題，你一定會從第一題開始算，一直算到第十題，才發現最後一題寫的是：「以上九題請不要作答，否則零分計算。」這就是典型的「因為習慣而影響你的創意思考！」

再來想一想，你是否聽過「溫水煮青蛙」這句話？那你可以說明一下，何謂溫水煮青蛙？如果你跟我說：「就是青蛙放在溫水裡，適應了這個環境，但沒注意到水溫慢慢變熱，結果就這樣被煮熟了……」先不討論其他，這兩個例子說明的，就是我們所稱的「直線思考」或「慣性思考」，因為我們根本沒有在真正思考。

所以，我們要改變傳統的思考模式，否則將會影響創意的產生。**我們必須跳脫舊有的思維框架，轉換成新的思維模式，這就是一種創意思維的展現。**我常說，要改變習慣、

逆思的
勝算

改變傳統，這才是創意的表現。否則，習慣（也就是直線思考或慣性思考）一定會影響你的創意產生與思考脈絡。怎麼說？因為習慣會變成自然，自然就會阻止你嘗試；當一切都覺得理所當然時，你就不會再去思考。當你認為一切都是理所當然的時候，那也就表示你已經失去了創新的能力。

什麼是「理所當然」？

什麼叫做「理所當然」？我們來認真思考一下，你是不是這樣：早上鬧鐘響了，第一個反應是先看手機幾點了，然後賴一下床，起床後去廁所尿尿，再刷牙洗臉、穿衣出門上班。一樣的路線、一樣的塞車、一樣的早餐店、一樣的紅綠燈，到了公司後，一樣的忙碌；中午，一樣的午餐，一樣的小睡，接著又是一樣的忙碌。下班後回家，又是一樣的路線、一樣的塞車、一樣的紅綠燈、一樣的晚餐，然後一樣的罵太太、一樣的打小孩，就這樣結束了一天。再去睡覺，好像每天都在重複過著一樣的生活。然後一天又一天，一年又一年，日子就這樣過去了。

這就是習慣。當習慣養成後，我們就會很懶得去改變，有時甚至根本不想改變。正是這樣的習慣，讓我們很難產生

新的創意或創意思考。所以，如何擁有創意思考？就是從改變習慣開始。**當習慣改變了，不再是理所當然，就會開始產生新的創意與思維。**

再來，我們可以從剛剛的話題延伸再思考一下。你每天早上鬧鐘的聲音是不是都一樣？是否可以改變一下，讓每天的鬧鐘聲音都不一樣？鬧鐘是否可以結合 APP 的功能，設定你喜歡的偶像聲音來叫你起床？這樣一早起床就會很開心。是否可以改變一下？把牙刷與計時器及聲音結合，刷滿三分鐘後來個提醒音效，告訴你：「這樣才有達到最低的基本刷牙要求喔！」是否可以改變一下？換條路線去上班，可能會發現有新開的店、新的風景、新的事物。是否可以改變一下？換個交通工具（走路、坐公車、搭捷運、騎腳踏車，或請朋友騎摩托車載你），觀察一下這些不同交通方式下的人們，有什麼不同的行為舉止？

是否可以改變一下？不要總是在家裡或公司附近的早餐店買早餐，可以試著在上學或上班的路上，隨機挑一間新的早餐店試試，或許會發現更好吃，或更難吃也說不定。還有，改變一下你平常的穿著。根據研究，**改變穿著多半會提升你的自信，而自信與專業的提升，也會直接影響你的創意思考能力。**

這些例子，都是從習慣出發，進而改變思維。當習慣改

變了,就會產生不同的思考模式;而不同的思考模式,就會自然地帶來新的想法與創意。再思考一下,當你開車要轉彎時,是不是不需思考就會打方向燈,而且還不會打錯方向?當你出門或回家要開關門時,是不是也不用思考就能拿出正確的鑰匙?這就是習慣。習慣會變成自然,而「自然」與「理所當然」會阻礙創意思考。所以,**要擁有創意,第一步就是:改變你的習慣。**

經驗,會阻礙創意?

　　經驗會影響你的創意嗎?其實,正是因為經驗,才會改變大腦的思考模式。**習慣,是生活經驗的累積,但這些經驗所導致的判斷與決策,不一定正確**──因為我們早已習以為常。

　　更何況,經驗屬於過去,即使過去有效,也未必適用於當下或未來。例如:許多剛生產完的女性,在坐月子期間,老一輩常叮嚀不能洗澡、不能洗頭、要一直躺著,否則未來會落下一身病痛。若嬰兒晚上愛哭鬧,則建議用別人穿過的衣服或把衣服反掛晾乾;長了帶狀皰疹(俗稱飛蛇),就去宮廟找師父「斬蛇」;不小心燙傷,第一反應是拿米酒沖

洗、塗牙膏。這些習慣做法,在物資與資訊有限的年代或許情有可原,但在現代科技與醫療已高度發達的今天,反而顯得荒謬。

所以,再多的經驗,也不保證能做出正確判斷,甚至可能變成創意的絆腳石。

「排隊行銷」的心理學

那習慣怎麼會干擾創意?來談一個經典現象——排隊行銷。

看到店前大排長龍,你是否直覺認為:「這家一定很好吃!」但事實是,味道的評價主觀到極致:我覺得好吃,你可能不愛;你超推的,我卻無感。大腦卻很聰明(或說偷懶),會立刻推論:「大家都排,表示這值得一試。」久而久之,我們被預設立場牽著走。

反之,若看到一間店冷清、暗淡、店員無聊地堆銅板或打蒼蠅,腦中自然浮現:「這家一定很難吃。」但真的是這樣嗎?味覺本就是極度主觀的感受,卻因為視覺線索與群眾效應,被大腦迅速歸類與評價。

「排隊行銷」的奧妙在於,當你看到有人排隊,哪怕你

原本毫無興趣,也會產生「好奇」:「他們在排什麼?」這時候,大腦開始編劇:「可能是限量商品」「可能是免費贈品」「可能超便宜」……這些劇情會推動你也加入隊伍。

等越久,成本越高,就越不想放棄。「都排這麼久了,不能白費啊!」等到真的買到時,不僅多買一點,還會告訴自己:「好吃就值得,不好吃下次就不來。」結果真的吃了,很多人還是說:「真的好吃耶!」

但真的有這麼好吃嗎?讓我們分解心理機制:

1. 大腦會自動安慰你:「這一切有價值。」排越久、看到後面還一堆人在等,自然產生一種優越感,潛意識就會放大滿足感。
2. 排隊耗時,原本不餓也變餓了。餓的人吃什麼都好吃,不是嗎?

你也許會發現,這種現象常見於「吃」的品項。因為吃的東西可以等、可以排隊,但「用」的東西卻很難等,也不會有人為了一支牙刷去排隊。這點可以作為一個行銷參考指標。

當一個商品「排得越久」,「等得越久」,大腦就越容易放大其價值。例如:你在團購一款點心,店家回應:「我

們都是純手工、一天限量50個，現在訂要等一個月喔！」你不但甘願等，還會迫不及待地付款下訂。但若隨時都買得到，你可能就興趣缺缺，認為「普通罷了」。

可見，人們習慣性地用「是否稀有」、「是否搶手」來判斷價值。這種模式節省了思考時間，卻也讓大腦不再深思熟慮。只有在重大抉擇，例如買房，我們才會細細思量所有變數；但像買杯飲料，多半就交給習慣說了算。

日本有句諺語：「螃蟹只會挖適合自己大小的洞穴。」人就是這樣，安於現狀、拒絕改變。我們常以「這是我的習慣」作為理所當然的藉口。但這份「習慣」，正是扼殺創意的第一把鎖。所以，我說：「**習慣，就是影響你創意思考的來源。**」

靈光乍現，其實是知識的累積

我一直不認為，世界上真有所謂「靈光乍現」這種現象。若沒有知識與學習的累積，是不可能突然蹦出一個天才點子的。

舉例來說，一個剛出生的嬰兒不可能突然靈機一動想出一項創意、發明，或提出一個解決問題的方法。因為他根本

還沒開始學習，能做的就只有「哭」和「叫」——這也算是一種表達方式啦。這不用實驗就知道，顯而易見。

再說個經典例子：傳聞中，德國數學家高斯曾經被一道數學難題困擾了好幾年，某天卻突然靈感閃現，解開了這道長年無解的題目。表面看起來是「突然」想到的，但實際上，那是多年累積的知識與經驗終於被大腦串聯、整合，再在對的時間點自動跳出答案的結果。

所以我要強調的是，**如果沒有前期的學習與訓練，沒有對專業知識的掌握，根本不可能出現這種「靈光乍見」**。反過來說，就算你學了很多、經驗豐富，但不會活用、也不懂得整理與觸發，大腦也不會輕易幫你冒出什麼絕妙點子。

所謂「靈光乍現」，本質上是一種思維再組合的結果再組合的結果。當我們長期累積了足夠多的知識、常識與經驗，一旦面對挑戰或機會，大腦會自動從資料庫中提取、比對、組合，有時候甚至會跳脫原有框架，生成一種前所未見的方法、功能或創意組合。這，就是我們說的創意。

另外我想補充一點，現代社會中，「跨域結合」遠比單一專業更具競爭力。以前農業社會講「一技在手，勝過家財萬貫」，沒錯，那時候光有一技就能吃飯。但今天這個資訊爆炸的時代，若只是守著單一技能，很容易被取代。我一直強調：要懂得跨領域整合，還要懂得與人合作。不要老是抱

怨薪水太低,而是該反省:是不是你跟別人太像了?

我常跟學生說:「如果你跟別人一樣,你就會跟別人一樣。如果你跟別人不一樣,你才會跟別人不一樣。」

也就是說,如果你的專業知識、能力,都只是跟別人一樣的,沒有特別的突出,那你也就只能跟別人一樣,老闆為何要給你不一樣的薪資待遇,因為你都跟別人一樣。那你就要跟別人不一樣,不一樣的特別專業知識、不一樣的創意思維能力,能為公司帶來不一樣的精進與改變,這樣你才會跟別人不一樣。

創意不是天賦,而是可以透過方法訓練出來的。那種所謂的「靈光乍現」,其實是一點一滴累積下來的結果──當你掌握方法、願意練習,那個精采瞬間,就會自然而然降臨。

15 大腦的慣性陷阱：啟動你的觀察力

試著想一想，昨天從你出門到抵達辦公室的路程中，有沒有看到有人違規？總共發現了幾件？第一個違規的人是男是女？他違反了什麼規則？穿什麼衣服？鞋子是什麼款式？

我敢說，只要你是正常人，大概都無法回答這些問題。為什麼？因為那些事不關你的事——你又不是交通警察，為什麼要特別注意？再舉個例子：你或許知道自己現在口袋或錢包裡大概有多少錢，但你能說出各種紙鈔的防偽浮水印長什麼樣嗎？我也不知道，因為我們只在乎「有多少錢」、「夠不夠用」，不會去管那張鈔票上的圖案是什麼。

這說明了，大腦會把「重要的事」記一輩子，但「不重要的事」會立刻忘記，甚至根本不會注意。

那麼，要怎麼啟動觀察力？答案是：從改變習慣開始。當你打破原本的慣性行為，你的觀察力就會自動開啟。因為

熟悉的東西，眼睛與大腦會自動略過，不再特別注意。但一旦出現不熟悉、不自然的變化，你就會「有感覺」，那就是觀察力開始啟動的訊號。接下來，只要搭配人類最厲害的工具——想像力與思考能力，一個新的創意或發明就可能在這樣的觀察中誕生。相信我，真的是這樣。

越簡單、越方便、越不被在意的事物，往往正是創意最好的出發點。因為它們看起來「沒價值」，所以通常「成本也不高」。大家都在追求最先進、最複雜的設計時，偏偏簡單也可能是創意的出口。像是廉價航空、老人手機，看似平凡，卻都是實務上極具創意的例子。

改變習慣、跳脫慣性、換個角度看事情，就會激發新的思維方式。早在兩千多年前，希臘哲學家柏拉圖（Plato）就透過《地穴寓言》（*Allegory of the Cave*）說明這件事：當我們習慣某種生活，就容易認為一切理所當然，錯過改變與創新的契機。他說，有一群人從小被困在洞穴中，眼前只有黑牆與陰影，於是他們以為那就是世界的全部。直到有一天，有人走出洞穴，才發現原來外面有陽光、有色彩、有真正的世界。你想，他的反應會是興奮、害怕，還是立刻衝去吃滷肉飯和鹹酥雞？

所以，請你從今天開始，從一個小習慣的改變開始，啟動你的觀察力吧。

> 逆思的
> 勝算

大腦很奇怪：記憶、多工與偏見

大腦是一個極其奇妙的結構，既神祕又難以捉摸。你或許會好奇，它到底奇怪在哪裡？舉個例子：大腦可以接受「聯想記憶」，卻無法有效處理「快速記憶」；它能記住一輩子的重要事件，卻對不重要的資訊轉眼即忘。

大腦能讓我們感受到七情六慾：想哭會流淚，想笑會開懷大笑。遇到突發狀況時，它甚至能在一秒之內做出本能反應，讓我們快速應對。然而，就是這樣厲害的大腦，卻無法在短時間內記住大量資訊，除非經過特別訓練，例如心算、珠算或速讀等。這也是為什麼我們看完一部電影後，雖然記不得每一句臺詞，卻能說出八九成的劇情。這就是聯想記憶的效果，也是大腦最自然的記憶方式。

除此之外，大腦還會自動替我們分類哪些資訊「重要」、哪些「不重要」。只要是特別的事，大腦會主動強化記憶，像是初戀的名字與模樣、一桿進洞是哪場比賽、誰曾對你說過難聽的話，又或是家人的電話號碼，這些都會深深刻印在腦海中。但相對地，對於日常中那些無關緊要的小事，大腦會選擇性忽略。例如：剛剛經過的那輛計程車的車號是什麼？昨天晚餐吃了什麼？今天總共接了幾通電話？這些瑣事往往轉眼就被遺忘，這就是大腦奇妙的選擇性記憶

機制。

美國心理學家喬治・A・米勒（George A. Miller）曾在 1956 年提出「意元集組」（Chunking）的概念，強調短期記憶最適合以模組化的方式記憶，每組最佳容量為「7±2」個區塊。即使這項研究已逾一甲子，仍說明了一般人短期記憶的有限性。

此外，大腦其實無法真正做到「一心多用」。這種現象被稱為「不注意盲視」（Inattentional Blindness）：我們以為自己可以同時處理多件事，實際上只是大腦在不同任務間快速切換，造成錯覺。事實上，根據《哈芬頓郵報》（*Huffington Post*）列出的研究，一心多用不僅無效，還可能帶來 12 項負面影響，例如：增加生理壓力、損害人際關係、降低創意、工作效率下降等。

看不見的大猩猩：專注的盲點

哈佛心理學家克里斯・查布利斯（Christopher Chabris）與丹尼爾・西蒙斯（Daniel Simons）曾做過著名的「看不見的大猩猩」（The Invisible Gorilla）實驗。兩組各三人，一組穿黑衣、一組穿白衣，彼此傳球。過程中，一位穿著大

猩猩裝的人從球隊中間走過。神奇的是，大多數參與者完全沒有注意到大猩猩。原因很簡單：當大腦高度專注時，只能聚焦在一件事情上，其他訊息會被自動忽略。

所以，大腦有時候簡單的事反而處理得慢，困難的事卻能瞬間反應。它既神奇又詭異。

再舉個例子：看到一位黃皮膚、藍眼睛的人，你會直覺判斷他是外國人。但事實上，他可能是道地的臺灣人。因為我們接收的視覺訊息會先經過大腦解讀，而大腦有時會欺騙我們。大腦的「資料庫」極其龐大，但它在搜尋時，傾向選擇自己認為「最合適」的解法，這不一定是正確的。對企業決策者而言，這種偏差判斷，可能讓公司從小虧損變成全面崩盤。

大腦還有一個傾向，就是優先選擇「最簡單」的方案。久而久之，形成了「簡單優先」的思維框架。你要上十樓，會自然選擇搭電梯，而非走樓梯（除非是刻意運動）。同樣地，「123ABC」比「?2@#Aw」更容易記，因為它規律、熟悉，處理起來輕鬆。大腦就是這樣一個厲害、奇怪、卻又很懶惰的器官。

賭徒心態與迷信思維

談到「賭場」，不論是國外合法的，或國內非法的地下賭場，無論抱著娛樂心態還是想「拚一把」，經營者的唯一目的，就是讓賭徒待得越久越好。只要不離開，不管當下是贏錢還是輸錢，十個人裡有九個離開時口袋是空的。為了讓你久留，賭場會提供各式免費服務：中西式餐飲、漢堡、可樂、啤酒，甚至按摩；累了還有專屬飯店供休息。若你是「大咖」玩家，還有來回機票、五星級飯店、專屬服務員與助理，所有吃喝拉撒睡全包，只求你留下來。

更有趣的是，大腦非常「配合」賭場。贏錢時，它會說：「運氣來了！今天一定要拚！」輸錢時，又會說：「不可能，再押一次一定能翻盤！」結局你我都知道——贏的永遠是賭場老闆。

在一些傳統的鄉下市場、書局、文具店、雜貨店裡，至今還有人賣「明牌報」。薄薄一張紙，密密麻麻全是數字，在婆婆媽媽和簽賭族眼中，這就是「幸運號碼」。這東西的銷路還真不錯。夜市或跳蚤市場上，也有一批「明牌老師」，專門兜售號碼。我曾看過一位老師在攤位前大聲叫賣：「大家看清楚，這期開的是二一，不信自己對照，只要第一期開八，加五再加八，下一期一定是二一。連開五次都

一樣,所以我保證,下兩期百分之百開二一!」

接著,他換了另一套說法:「今天只收十位有緣人,信封裡有我抓的三組號碼,保證中。下期沒開,你拿回來,我當場退你 1,000 元。名額只剩三個!」說真的,唸到博士也未必比得過這種一天能賺上萬元的人。一個晚上賣出 10 份,就能淨賺 10,000 元。厲不厲害?真的厲害,因為總有人掏錢買單。

但只要動腦想一下,如果真這麼準,他們自己去簽就好,何必賣你 1,000 元?天底下哪有這麼好的事。偏偏大腦又會湊上來說:「試試看嘛,1,000 元而已,中了就回本;沒中,下星期還能退錢。」於是花 1,000 元「試手氣」看似合理。可要真這麼準,大家早就不用上班了。

大腦還有一個習性,就是愛說謊,尤其是為了面子。聽到別人說去過幾個國家,你可能立刻脫口而出:「我也去過!」甚至還要多報幾個,沒人要求你拿證據。這就是我說的大腦怪脾氣——愛說謊、愛面子、不服輸。越是期待的事,大腦會讓你覺得時間過得特別慢;越不期待,時間反而飛快。小時候知道下星期要遠足,從那天起就天天盼,結果每天都過得像一年。反之,考試考得很糟,就怕發成績單那天,卻覺得時間快得驚人,一眨眼就到了。

所以說,你不覺得大腦真的很奇怪嗎?

16 大腦很懶惰，但你可以更聰明

請問：「如何讓寶特瓶中的水不見？」

99％的人都會說：「直接倒出來就好！」不然就是：「喝掉啊！」幾乎沒有人會去想其他方法。

再來一個問題：「一瓶鮮奶跟一輛卡車，哪個比較重？」不用想，99.999％的人一定回答：「當然是卡車！」這就是典型的直線思考（慣性思考）。

我告訴你，第一個例子裡，除了直接倒水，至少還有一百種以上的方法：放一條棉繩利用虹吸原理引流、放在太陽下讓水蒸發、用衛生紙吸乾……方法很多。第二個例子，我有說鮮奶的大小、容量嗎？我有說卡車的尺寸嗎？我有說是真正的卡車還是玩具卡車嗎？

再問：「1公尺跟1公里，哪個距離比較遠？」不用說，99.999％的人會回答：「當然是1公里！」可是你有問

清楚要比的是什麼情況嗎?走路?開車?還是開飛機?

不要再用你的習慣,去做這種不加思考的直線判斷了。

也就是說,因為習慣,大腦反而懶得思考,直接用已儲存的知識、常識、經驗和專業,加上資料庫裡現有的資訊,快速做出綜合判斷,選擇最簡單、最快的解法。這不一定不好或錯,但大腦確實常常不願意再多想一步。

「大腦很懶惰,但很聰明。」地表最厲害的動物是人類,因為人類會「學習之後,再思考」。其他動物雖然也能學習,但缺少深入思考的能力。你要記得,你最強的地方,就是你會思考。

美國心理學家丹尼爾·威靈漢(Daniel Willingham)指出:大腦的演化傾向是「能不思考就不思考」。也就是說,**大腦不會主動運轉,而是直接輸出資料庫裡的經驗。但有時這些經驗會做出錯誤的決定,這就是所謂的「思考陷阱」。**通常,大腦會直接把它已知的答案搬出來用,以為自己很了解,實際上卻未必。

實驗一:神像猜謎

我在每場演講時,第一張投影片就是一尊神像的照片,

我會問大家:「這位是誰?
(1) 媽祖 (2) 觀世音菩薩 (3) 土地公?」

不管宗教信仰,大部分人立刻回答:「媽祖!」我會追問:「你確定?要不要再想一下?」這時候聲音通常會少一半。接著我問:「有媽祖的臉書嗎?有媽祖的 LINE 嗎?有媽祖的電話嗎?」全場就會笑成一片。

偶爾有學生有創意地回答:「老師,我有加入大甲鎮瀾宮的粉絲專頁。」馬上會有人接著說:「我也有追蹤粉紅超跑的粉專,算嗎?」我會回:「對,我就是要你們這樣回答!怎麼回答都可以,但不要一副『呆呆的』不說話。」這就是我要證明的:**如果沒有經過真正的思考,大腦就只會依慣性去判斷**。

為什麼大家都說是媽祖?因為從小大家都告訴你這就是媽祖。但你見過媽祖本人嗎?神像是古時流傳下來的作品,有人有她的本人照片嗎?就算有,你能確認真偽嗎?(而且媽祖成仙前,那時有照相機嗎?)這其實也可以思考一下,

但一般人根本不會去想。更何況，全臺的媽祖神像都是不同雕刻師作品，樣貌各異，但我們看到就認為是媽祖。廟宇前的牌子寫著「媽祖娘娘」，大腦就直接認定是媽祖娘娘。我想再大聲地問一次：你真見過媽祖本人嗎？

實驗二：年齡排序

我在演講或上課時，會找十位學生上臺，規則是：「從現在開始不能講話、不能交談，請依年齡由大到小排列，從左到右站好。」

一開始，大家只是互相看臉（看有沒有歲月痕跡），白髮或自認年紀大的會站到左邊。大約 3 分鐘後，才會有人問：「老師，可以用手比嗎？」我會說：「不能講話。」

這時，學生才會開始想辦法：用手比數字、寫紙條、用手機輸入年齡等來確認。通常要有第一個人動作，其他人才會跟著做；如果沒有人動，大家就只是看看左右的同學，不採取行動。

從這個實驗可以看出：

- 大腦真的很懶惰 —— 沒指令，它不會主動做事。

- 沒有人帶頭，就沒有人行動，只會互相觀望。
- 大腦有強烈的模仿傾向 —— 看到別人做了（如比手指），其他人就會跟著做。

這再次證明，**大腦若沒有被刻意要求，就只會沿用慣性思考，停留在最簡單的反應模式。**

17 別盲信專家，懷疑才是創意的起點

科學家菲利普・泰特洛克（Philip Tetlock）曾說：「專家的預測，大概跟黑猩猩擲飛鏢的精準度差不多。」所謂的專家，就是在他的專業領域內具有超越一般人的豐富知識及經驗。然而，心理學家丹尼爾・康納曼（Daniel Kahneman）指出，專家往往會過度自信，並且被自己的幻想所控制。

我認為，**專家專注於自身領域，反而會限制創新與思維，這就是一種專家偏見**。在經濟學中，這被稱為「定錨效應」（anchoring bias），也是一種偏見錯誤，亦稱「月暈效應」（halo effect）。古希臘詩人阿基羅古斯（Archilochus）曾將人比喻為「狐狸」或「刺蝟」。狐狸知識廣泛但樣樣不精；刺蝟則只專精一小部分知識，但研究得非常深入。所以，你要當狐狸還是刺蝟？這就是我說的

「專家也會犯錯」。

當我們看到專家時，心態往往不是佩服就是忌妒。而專家通常會捍衛自己認定的專業，不容許他人挑戰其「專家」頭銜。舉個例子：一位經營事業超過五十年的成功商人，通常難以接受其不熟悉領域的新改變或做法，這就是專家偏見。一旦跳脫專業領域，專家就可能瞬間變成「一個普通的老百姓」。這也說明了，他們長年累積的專業知識和經驗，在跨入另一個領域時可能就不再適用。例如：會開車的人不一定都會修車；會開飛機的人，通常不會開火車；會蓋房子的，不一定會室內設計；會寫程式的，不一定都會修電腦；會唱歌的，不一定都會作詞、作曲。

因此，我認為**在學習和尊重專家知識的同時，我們也應抱持懷疑的角度，思考當同樣的問題運用在不同領域時，是否會有不同的變化、改變或解決方式。**

專家的盲點與創意思考

專家說的話也會有盲點。所謂的盲點，就是明明在眼前，卻是看不見。當眼前看到的與大腦產生誤差，或是不符合現實中的期待時，盲點就出現了。專家常常利用儲存在大

腦中的專業、知識和經驗來解決問題，但也正因為如此，有時專家在解決問題或看待問題時，就會產生不一樣的結果。

擁有專業及經驗的人，在思考模式中，往往會利用他的專業、知識和經驗來當作第一優先的程序及標準。也就是說，大腦真的是一種很懶惰的器官，當遇到問題時，它會自動快速地到資料庫中去搜尋是否有解決這個問題的方法。但並非所有問題都跟你的專業領域有關，有時雖然是很簡單的問題，不同專業領域的人卻有不同的思考模式。所以，**有時改變思考模式也是一種產生創意的方法。**

皇家學會（Royal Society）恪守的座右銘是：「Nullius in verba」，意思是「不要因為對方是專家，就輕易地相信專家說的話。」也就是說，不是因為他是專家，他所說的話就都是對的。我們來舉幾個專家也會犯錯的例子：

- 1861 年，菲利普・萊斯（Philipp Reis）發明了一種可以傳送音樂的設備，但當時所有的專家都說這種東西不會有什麼價值。但約十五年後，在 1876 年，亞歷山大・格雷安・貝爾（Alexander Graham Bell）發明了電話，大大改變了人類的生活。
- 1899 年，美國專利局局長查理斯・杜爾（Charles H. Duell）曾建議廢除專利局，因為他認為所有可以被

發明的東西都已經被發明了。

- 1938 年，契斯特・卡爾森（Chester Carlson）發明了全世界第一臺影印機。但在 1939 年到 1944 年間，他被二十多家公司拒絕，包含當時的 IBM、柯達（Kodak）等大公司，都一致認為有便宜又好用的複寫紙，沒有人會去買昂貴的影印機。
- 2023 年，就是我本人。我曾經被很多專家、學者跟老闆拒絕了很多我的創新產品及專利提案，現在這些產品卻是時下很暢銷的。我只是想跟他們抱怨一下，你看，你們少賺了很多錢。

我再舉一個很生活的例子：醫生雖然擁有執照，但並不代表這個醫生就會無所不知。往往會因為每個人所受的教育、專業知識及相關的經驗，在同一個病症上，每個醫生所做出的判斷也會有所不同，用藥和療效當然也就因此不同。所以，有一句俗話：「醫生要有醫生福」，也就是說相同的病情，會因為你遇到的醫生不同，而有不同的結果。

很多的專家都說明了他們當時認為不可能、不需要的東西，可是現在實際上都變成了生活中不可或缺的機器或設備。但如果你就這樣相信了專家所說的話，那你的創意當然就會跟他們一樣，就沒有了。所以我常說，人類雖然無法自

由飛翔,但我們有飛機可以帶著我們飛翔。因此,千萬不要停止你的創意思考,當你停止了創意思考,我想你的競爭力就會提早停止。

懷疑是創意的第一步

當你的懷疑是大家都沒有人懷疑時,就要考慮一下你的懷疑;但如果是多數人的懷疑,那就肯定這個懷疑是正確的,因為這個懷疑就是創意的一個來源。當有人懷疑你的創意構想時,你也一定會捍衛它,因為這就是一種很好的創意發想過程。但一定要記得,要很明確地針對創意構想的內容去懷疑,而千萬不可做人身攻擊,這點非常重要並一定要嚴格遵守。所以,**「提出懷疑」是創意的第一步,「沒有提出懷疑,就不會有創意的產生。」**

「提出懷疑」與「自我懷疑」,就是要你去結合各種不同的角色,並去看待這個創意的構想或產品:這樣是最好的嗎?成本是最划算的嗎?還可以更方便嗎?還可以用在更多地方嗎?

子曰:「學而不思則罔,思而不學則殆。」這句話出自《論語・為政》篇。我認為,在日常生活中,不管遇到什麼

事，都是一種學習。在學習的過程中，如果只是將聽到的、看到的、問到的，不做任何思考，這個學習將會是徒勞無功。而有了想法或想要理解道理的人，卻沒有親身去動手做或再去尋找更豐富的資料，可能最終也會一無所得，白費精神而已。

18 用五感與換位，啟動你的想像力

要發揮想像力，必須有大量閱讀的支撐與有效的閱讀。 人不會一生下來就什麼都會，除了自然的生理反應外，所有的東西都需要經過學習。就像剛出生的嬰兒，肚子餓、尿布濕或身體不舒服時，就只會哭。但他們會慢慢觀察及大量學習，然後再學說話、學走路。所以，如果沒有基本的閱讀、專業、知識及經驗，是無法激發並發揮有效的想像力。我常跟學生說：「沒有常識，不會有知識。沒有知識，不會有想像力。沒有想像力，不會有創意能力。」然後再補一句：「如果沒有常識，就要看電視；如果沒有看電視，就要常去逛夜市。」

所謂的大量閱讀，不只是閱讀書籍，而是要運用所有感官進行閱讀。 從一早醒來到睡覺前，都是一種閱讀與學習。要不斷地閱讀，不要放棄任何閱讀的時間及機會。只要閱讀

過,都是一種經驗與學習。我認為看什麼都好,就連各種八卦雜誌、週刊都不要放過,有時間就翻翻看看。視覺上的大量閱讀不僅限於書刊雜誌,逛街、看電視、旅行等都是一種閱讀。多聽聽別人怎麼說,就是一種聽覺上的閱讀。

有機會多嘗試各種美食,就是一種味覺及嗅覺的閱讀。親身去碰觸各種東西,就是一種觸覺上的閱讀。只有親身去嘗試各種閱讀,才會有意想不到的收穫。這也就是我說要有創意能力、要有想像力的方法,就是多聽、多看、多問。閱讀到的知識不一定馬上用得上,但當需要使用時,大腦會自然而然地分析並適時取用。因此,我一直鼓勵大家盡量大量閱讀,唯有大量的閱讀,才能啟動你的想像力(聯想力)。

閱讀的方法與盲點

在「聽、說、讀、寫」中,要大量閱讀最好的方法就是從「聽」開始。思考一下,一個剛出生的嬰兒,絕對不會講話,只會哭。同樣地,如果你不會講英文,只要到美國一段時間,自然而然地就會聽懂英文,聽懂後自然就會講。所以,我認為要學好英文,除了環境很重要,在一個非英語環境中,就要大量用聽來閱讀,這就是學會英文最自然且最佳

的方式。我也認為,與其一味地看書,不如盡可能找機會去上課、去聽演講,因為我認為上課與聽演講是最有效率的學習方法。

看書是一種單向且被動的學習,我們利用書本中提供的專業知識,被動地學習與了解書本所講解的內容。但你有沒有發現一個很大的問題?當你看不懂的時候,沒有人可以幫你解答或解釋,因為這本「書」它不會說話或回答你的問題。所以我常說:看書是一種最慢且最沒有效率的學習方法。但我不是叫你不要看書!有一點我要特別強調,閱讀是要邊閱讀邊思考,檢視作者的觀點與你的想法是否有不同見解。作者說的不一定都是正確的,每個人有每個人的想法,你的想法是什麼?把你的想法用自己的話整理出來,這才是閱讀的精神。所以,**看書不在於看得快、看得多,而在於懂得去思考,這才是閱讀的重點**。同時,也要廣泛而大量的閱讀,才不會陷入單一角度的思考缺陷。

我再舉一個每個法律人都會遇到的例子:在刑法中,有兩個專有名詞——「純正不作為犯」及「不純正不作為犯」。我問過許多念過刑法的學生及同學,如果沒有老師的講解與舉例,保證你一定看不懂。這說明了當我們要學習專業知識時,除了唸書,更要用最快、最有效率的方法,也就是直接去上課或多聽各種演講。當有不懂時,馬上就可以請

教老師。用問的是最快的一種學習方法！然而，在臺灣的教育環境中，會問問題的學生真的是少之又少。所以我一直強調，有問題一定要問老師，當你有問題問老師的時候，通常老師都會馬上幫你解決，你不是就可以馬上學習到你不懂的地方？你見過哪個老師會這樣說嗎：「嗯，你的問題很好，我八年後再回答你。」

激發創意的練習

就我前文所談到的，其實大家都有創意思考的能力，只是在很多時候，不知道該如何去啟動，也不知道何時要應用。除了前面提到的各種方法，我們還可以利用以下練習來發揮你的想像力：

- **畫圖接龍**：這是一個很簡單又很有效的想像力訓練。我會在黑板上隨意畫一條線、一個圓或一個三角形，然後請學生在 5 秒內上臺補上他們想畫的。剛開始，因為能發揮的空間太少，學生通常只會模仿之前的同學。但隨著越多人上臺，後面的學生會開始自動思考與聯想，這就是一種訓練想像力及聯

想力的方法。

- **如果沒了這個東西，你會怎麼辦？**：這也是我在上課或演講時會用的訓練。例如：「假如沒鹹酥雞，怎麼辦？沒有皮帶，怎麼辦？沒有網路，怎麼辦？沒有襪子，怎麼辦？沒有滑鼠，怎麼辦？」我也會問學生：「為什麼罔市在公園裡吃雞排？」「為什麼罔市在警車裡面？」「錢掉了怎麼辦？」「數字11的一半是多少？」並要求學生在5秒內回答。回答不出來，我就會站在旁邊不走，讓他們有壓力，在腦袋中硬擠出一個答案。其實這也是一種想像力、聯想力及激發創意的訓練。這種方法就是要學生遇到問題時，立刻利用聯想力，馬上反應出來。
- **聯想力訓練**：我會提出一些詞彙或情境，讓學生去聯想。
  - 「**順路**」：你會聯想到什麼？我會聯想到「Uber」、「大家都可以當快遞」、「搭便車」、「兼差」、「運動」、「當志工」等。
  - 「**音樂**」：你會聯想到什麼？在我的住家附近有一座名為「音樂公園」，但裡面的休閒設施卻缺少與音樂相關的配套。我想，是否可以將其打造成主題式公園，每天或每週固定播放不同主題的音

樂，這將會是一種很好的創意展現。

▶「**如果你是被關在監獄中的罪犯，你會用什麼方法逃出監獄？**」：這個題目能很好地激發聯想力。因為我們都不是罪犯，也沒有進去過監獄，只能從電影、電視中獲取有限的知識，因此要如何利用想像力去脫逃，是很好的訓練。

▶「**太陽眼鏡也可以在室內使用，你會聯想到什麼？**」：通常太陽眼鏡在戶外有太陽時使用，但室內不會有太陽，那什麼時候能在室內使用？

▶「**衛生棉也能讓每個人都用，你會聯想到什麼？**」：通常只有女性才會使用衛生棉，但你可以利用想像力，讓衛生棉可以每一個人都可以使用嗎？

- **跳脫框架思考**：我會問學生：「2、4、6，接下來你的回答是？」如果回答8、10、12，那就「完了！」這是學校教你的東西！如果回答3、5、7，那也是「完了！」這說明你沒有跳出學校教育給你的框架。我根本沒有說這是數學答案，為什麼要回答數學答案呢？難道不能用想像力來回答嗎？你可以回答：「用2元，買了4顆蘋果，賣了6元。」或是「今天早上我看到了2起車禍，總共有4輛車受損，6個人受了輕重傷。」這說明大腦會直接從資料

庫中提取答案，不經思考就回了我們不想要的答案。

思考一下：

- 隨意選出 4 張照片，利用這四張照片，說一個故事？
- 請用吹牛的方式，說明這一整天的行程？

角色不同，創意思維大不同

在創意思考的過程中，有一個很重要的技巧，就是要角色互換。如果我是總統、老師、醫生、老闆、阿公、法官、扛瓦斯的、賣菜的、修冷氣的……當角色不同時，視野也會有所不同，當然思考的方向、觀點及專業的角度也就會有所不同，這是一件很重要的事。

不同的國家，相對的也會有不同的思考模式及角色模式，因為會有文化、環境、教育及生活方式的不同。再來，這種創意思考，是單獨運用在一個國家，還是可以運用到其他很多國家？尤其在創造發明的時候，這個發明可以適合多數國家人民的需求嗎？是多數國家的民眾都會遇到的問題嗎？我想如果這個發明能解決多數國家民眾相同的問題，這

都是我們要去思考的範圍。當然，這個發明將來成功的機會就會更高、就會更具有價值。

在人誌學中，所謂的「換位思考」就是角色的位置不同，就會產生不同角色的思考模式。所以我常跟學生說：「**在創意的過程中，沒有所謂的對或錯。每個人思維的角度都不同，思維當然就會有所不同。**」最後我都會補上這句：「你看到的是大便，我看到的是黃金。」不是嗎？

第 3 章

學以運用,
就是懂得定義問題

19 重新定義問題：
創意與價值的關鍵

當發現了問題後,並不是馬上就想著如何去解決。你應該先明確定義出這個問題的核心重點是什麼,然後才能利用創意思考來解決你所定義的核心問題。

何謂定義問題?就是要去思考到底要解決什麼樣的問題。是「人」的問題?是「事」的問題?是「時」的問題?是「地」的問題?還是「物」的問題?要解決的問題是什麼(事)?對象是誰(人)?什麼時間完成?可以在什麼時間點上使用(時)?可以使用的地點在哪裡(地)?這是屬於什麼樣的產品、設備、工具(物)?此外,你還要思考:你解決的是一種什麼樣的商業模式?否則可能將會是一個沒有價值的創意。

舉個例子:市售的延長線都會有一個問題,就是我們常用的插頭大小都不同(全世界沒有統一的插頭大小,這是

一個問題，也是創意思維的來源）。有的特別大、有的特別寬、有的特別長、有的特別高。所以就會出現六孔插座的延長線無法插滿六個插頭及設備。當發現這個問題後，接下來我們要清楚地定義問題：「我想要不管什麼樣的插頭，我都可以順利地插入延長線中，並插滿六個插頭。」

這個就是定義問題。然後，我們再來利用各種的創意技法，來解決這個定義出來的問題。

通常我們花最多的時間在於發現問題跟解決問題，卻忽略了定義問題的重要性。只要清楚地定義問題是什麼後，後續解決問題將會減少很多不必要的時間管理與成本管理。這就是因為沒有清楚去定義問題是什麼，才會浪費很多的時間跟成本。當定義不同，相對地，解決的方向（方法）也會不同。所以**提問前，要先清楚說明白你要提問的本質，並確認你的問題，與對方所認知的問題是否一致**。

定義問題的順序：釐清與確認

定義問題的順序，我認為有兩步：**1. 釐清問題。2. 確認問題。**

1. 釐清問題：你的問題跟我的問題是否一致、相同？

例如，你說「可以跑」，但對於「跑」這個字的定義，我們可能會有所不同：

- 用輪子就可以跑了。
- 不用輪子也可以跑？
- 到底要在哪裡跑？在路上跑？在水裡跑？
- 要用什麼方法來跑？用馬達帶動？用腳踏車？還是用人來跑？

2. 確認問題：當釐清問題後，才有辦法去確認問題

定義問題後的考慮，當我們發現問題後，可能會定義出許多不同想要解決的問題，當然也可能會產出許多不同解決問題的方法。但有一個很重要的原則，就是定義出問題後，一次只能解決一個主要的問題。

就前述的例子，六孔插座的延長線，遇到插頭大小不同的時候，我想要讓各種大小不一的插頭都可以插入到六孔的延長線，並且可以插滿六孔的延長線，一次只用一種方法來

解決主要的問題。所以我主要解決的方式是利用「旋轉」的方法，讓延長線的插座可以 360 度旋轉，這樣就可以利用旋轉的功能，來避開各種大小不同的插頭，達到解決問題的方法（請參閱我在 2008 年發明的「具旋動改變向位之插座結構」新型專利第 M347733 號）。

創意與價值的兩難：會講話的衣架

　　主要的定義問題釐清好後，再來就是要考慮定義出問題後的延伸，這個延伸的重點是，將來是否有機會在商業模式上產生價值。如果將來沒有商業上的價值，這個定義出來的問題，就要好好的再思考一下。在各種的發明競賽中，不管榮獲了什麼樣的獎項，如果不能把這些發明的作品轉換成商品，那這些作品就只是擁有了獎牌的肯定，但沒有讓所有人可以使用的一種肯定。再簡單的說，**如果發明的東西，最後不能把它變成一種商品，這將會是一件沒有價值的發明。**

　　太多的前輩跟我說過：「擁有很多的專利又怎樣，你們看看我沒有幾件專利，但我所申請的專利中每一件都是可以賺到錢的專利。所以要申請專利就要是會賺錢的專利，如果不會賺錢的專利，申請這些就是沒有用的專利。」這個前輩

> 逆思的
> 勝算

給我的忠告,自己想想也確實是這樣。講錢很俗氣,但我們都需要有錢來支撐我們的生活,這是個很現實也是很重要的問題。

在所謂商業上的價值或模式,包含:成本、效益、功能、方便、簡單、通路、使用者、市場需求度、國際市場……

例如:我曾發明過一個「會講話的衣架」。有一天在逛街的時候,看到一位視障朋友走進了一家服飾店,心想,眼睛看不到那要怎麼挑選自己喜歡的衣服或褲子?就這樣我發現了一個問題,視障朋友怎麼去選擇自己喜歡的衣服?再來,視障朋友要穿搭衣服的時候,要如何去選擇所想要的衣服、褲子的顏色、樣式或自己喜歡的款式來穿搭?所以首先就必須有一位看得見的人來協助視障朋友穿搭衣服或陪同挑選衣服,可是如果視障朋友沒有家人或朋友的協助,那要怎麼辦呢?

所以我發現了這個問題,接下來就是要定義問題。我定義的問題是:如果視障朋友在沒有人協助的時候,也可以自由及選擇穿搭自己想要的或喜歡的衣服出門,再來也可以享受逛街買衣服的樂趣。那我解決的方法就是在衣架上設計了一套具有可錄音及播放聲音功能的衣架,先讓明眼人先將衣服的顏色、款式、樣式利用錄音功能,錄製到這個衣架上。

然後,在這個衣架上有一個開關,當視障朋友從衣櫃中

或從衣架上拿起這件衣服的時候，這個衣架就會播放事先已錄製好的聲音，來告訴視障朋友這件衣服是什麼樣的顏色？什麼款式？什麼樣式？這樣當視障朋友在沒有人可以協助下，也可以選擇自己所想要穿搭的衣服。這個專利讓我得到了很多國際發明競賽的獎項，也因為這個發明讓我接受了很多電視、媒體的專題報導及專訪，讓我嶄露頭角，到目前為止都非常好。

所以這是一件非常具有創意的發明？這個會講話的衣架，其實在商業上一點價值都沒有。怎麼說？就是因為當初我只有考慮及定義到如何讓視障朋友在沒有人協助下，也可以自由地穿搭衣服，但沒有考慮到這個發明是否具有商業上的價值。雖然這個發明讓我得到了許多國際上的獎項及榮耀，因為我的這個發明可以幫助到很多的視障朋友。但說真的，這個會講話的衣架在商業上根本是一件沒有價值的商品。

你知道為什麼嗎？第一：視障朋友不多，所以廠商根本就不願意開發這個商品，因為沒有商業上的價值及利潤。第二：當視障朋友洗好的衣服，要如何掛回去原來已經錄製好的衣架上。總是有太多的問題需要更進一步地解決。所以定義好問題後，接下來還要去考慮並延伸是否具有商業上的價值，這就是因為我當初定義及解決的方法都沒有考慮到

> 逆思的
> 勝算

後續的延伸,所以沒有任何商業上的價值。我還是想說:「這是一件非常具有創意的作品,但卻一點都沒有價值的作品。」(請參閱我在 2010 年發明的「語音衣架」新型專利第 M388897 號)

20 定義問題，是通往創新的橋梁

形式與功能的創意哲學

「形式決定功能」（Form Follows Function），這個觀念最早源於18世紀的優蘇修士卡羅・羅多立（Carlo Lodoli）。羅納德・芬克（Ronald A. Finke）、托馬斯・沃德（Thomas A. Ward）、史蒂芬・史密斯（Steven M. Smith）等學者，則將其發展成一種創意思考技法。無論是「形式決定功能」或「功能決定形式」，都是我們常用來激發創意的技巧。

- **形式決定功能**：先有了形式，再去思考可以增加、改變或修改什麼樣的功能。例如，當開車時發現後照鏡常因下雨起霧或殘留雨滴，我們就可以利用加

熱功能,讓後視鏡不再起霧。
- **功能決定形式**:先有了功能,再去考慮可以做什麼樣的形式變動。例如,當已經有了滑鼠又有了隨身碟,我們就可以將這兩種設備結合,設計成一個具備儲存功能的滑鼠。

德國心理學家卡爾‧鄧克爾(Karl Duncker)曾做過一個著名的「蠟燭測試」(The Candle Problem)研究。他給參與者一根蠟燭、一盒圖釘、一盒火柴,要求他們想辦法將蠟燭與牆面平行固定,並且點燃後燭淚不會滴到地板上。

結果,大多數人無法完成。鄧克爾接著改變了實驗方式:這次他將圖釘和火柴從盒子裡拿出,空盒子與蠟燭、圖釘、火柴分開放在桌上。這一次,竟然有將近50%的人成功解題。

鄧克爾的結論是:當受試者面前是一個空的圖釘盒,他們更有機會具備創意解決問題,因為他們沒有被「盒子是用來裝圖釘」的慣性思維所束縛。這個實驗對創新有什麼啟發?當我們傾向於把物品看成一個整體時,物品的某個部件或組裝方式若發生改變,就會得到不一樣的思維與結果。相對地,這也是一種直線思考(慣性思維)。

「蠟燭測試」的實驗證明了,如果被「功能」所束縛,

你的創新思維將大打折扣。這是我們在創意及創新思維上，值得注意的一個重要技巧。

不同的思考，就會產生不同的價值

一顆石頭，放在菜市場裡賣，就只有菜市場的價格。放到古董店賣，就會有古董店的價值。一包面紙，放在家裡沒有任何價值。放在公共廁所，就可產生十元的價值。**不同的國家、地方，也會有不同的文化背景與生活習慣**。所以一個創意產品，在臺灣的價值在哪？在美國的價值又在哪？在德國的價值又在哪？所以我說：「你看到的是大便，我看到的是黃金。」

為什麼我會說定義好問題後，還要去考慮並延伸創意的價值，否則就會出現很多發明家會遇到的問題——明明是一件很好、很有創意的作品，但就是沒有商業上的價值。

舉一個很有趣的報導。小提琴家約夏·貝爾（Joshua Bell）的演奏會門票通常需要幾百塊美金。2007年1月，《華盛頓郵報》（*Washington Post*）專欄作家吉恩·韋嘉頓（Gene Weingarten）邀請約夏·貝爾到華盛頓市中心地鐵站演奏，就是想實驗看看「在不同的地方，是否會產生不同

的價值」。

當天在地鐵站，約夏‧貝爾演奏了 45 分鐘，總共有 1,097 人經過，但真正停下來聽的只有 7 個人，其中只有一個人認出他是知名小提琴家。整場 45 分鐘的演奏，只有 27 個人掏出零錢，最後總共賺了 32 美元，連他最便宜的門票零頭都不夠。所以這個實驗證明，**不同的思考，就會產生不同的價值**。因為一般人不會認為世界著名的小提琴家會在地鐵站擺攤，更不會去注意到他手上的這把小提琴具有一億元以上的身價。

我們再來舉幾個定義問題的重要思考，一起來思考一下，當遇到下列的問題，你要如何去定義問題？

- 如何將梳子賣給和尚？
- 如何將 iPad 賣給視障朋友？
- 如何將牛肉賣給不吃牛肉的人？
- 如何防止公共廁所的衛生紙被偷？
- 如何讓吃藥這件事，變成很開心的一件事？
- 如何將「鐵門」變成不只是「鐵門」的功能而已？
- 如何將西裝賣給在工地工作或從事水電工的工人？
- 如何讓大家在使用新產品前，一定都會閱讀完「說明書」？

從瑕疵中看見價值

我認為**沒有人會喜歡有瑕疵的東西，但如果能從瑕疵中轉換出有價值的東西，這就值得我們思考了。**

1968年，3M的工程師亞瑟・弗萊（Art Fry）在開發一種膠水時，因為弄錯配方而變成一種黏性不強的膠水。但這種膠水剛好可以黏貼又不會掉下來、撕下來又不會有殘留，因此被利用在寫備註的紙上，開發了我們現在常用的便利貼（Post-it Note）。這就是站在不同的角度思考，就會有不同的思維模式。例如：如果你是賣菜的，你會用到這個東西嗎？如果你是扛瓦斯的，你需要有這個東西嗎？如果你是老師，這個東西對你的教學有幫助嗎？如果你是老闆，你會賣這個東西嗎？所以，不同的角度、不同的角色，一定就會產生不同的思維與想法。

一個錯誤的行銷思考是：如果非在網路訂購，旅費加百分之十的手續費。這對於不熟悉網路的消費者是一種歧視，也容易引起反感。一個應有的行銷思考則是：如果在網路線上訂購成功，旅費一律打九折。

每個人所思考的角度都是不一樣的，所有的事情都是一體兩面的，沒有什麼是「絕對對的」或「絕對錯的」。更不要說，不應該在跨年的時候放煙火或辦演唱會，因為很浪費

錢。思考一下,如果站在一般人的角度,我也認為放煙火或辦演唱會很浪費錢,但如果你是煙火商或演唱會的主辦商,為了公司的營運及生計,你還會這樣想嗎?

80/20 法則與定義問題

80/20 法則的核心重點就是:「**如何用最少的成本,獲取最大的獲利。**」或「**如何花最少的力氣,得到最大的成果。**」更簡單地說:「如何花 20% 的努力,獲取 80% 的成功。」這不是教你偷雞摸狗,這是教你如何運用技巧。**所以定義問題時,若能善用 80/20 法則,將能大大解決核心的重點問題。**

消費最多的前 20% 顧客,占了全店 80% 的營業額。也就是說,在運用 80/20 法則時,要清楚明瞭地知道且有效地運用成本的概念。在擔任許多企業顧問中,我發現絕大多數的員工不會也沒有把公司最核心的營運成本考量進計畫中。因為公司不是他的,他不是老闆,只想著如何把老闆交代的任務完成即可,間接地就不會把最重要的相關營運成本考量進去。

再舉一個沒有把成本考量進去的現實狀況。現在在學校

都需要常去協助各種招生宣導活動。就我親眼目睹，一間學校負責招生的同仁求好心切，只想著盡可能讓所有系所都能達到入班宣導，就會請各系所的老師幫忙。但我發現他們學校出了一個很大的問題，就是負責同仁只想著是否能達到最大化的宣導效益，希望每個系所都安排老師前往入班宣導，這樣光一次就要動用十多位老師前往要宣導的學校。

好啦，一次動用這麼多老師，竟然在一個班級安排了三位不同系所的老師進入班級宣導（通常宣導的時間都只有一節課 50 分鐘）。如果以 50 分鐘來宣導，那一個老師就只能分配到約 16 分鐘，這也就算了，那次還是在大老遠的高雄。這樣的行程安排完全沒有考慮到一個大學教授一天的薪資成本是多少（大學教授平均一天的薪資約在四五千元左右）？再來要去高雄，有的教授會開車（油費通常都可以申請補助），有的教授會坐高鐵（高鐵來回車票可以實報實銷），到了高雄如果是坐大眾交通工具的，還要再坐計程車到達目的地。最後學校通常還是會很貼心地補助教授們的誤餐費用，然後花了一整天的時間入班宣導就只有十六分鐘的時間。

更重要的重點來了，那天我看到它們的第一位老師進到教室後，開筆電、接投影機、接麥克風、發宣傳單……弄好了，也花了快 5 分鐘的時間，剩下可以宣導的時間只剩 11

分鐘。你覺得這 11 分鐘可以講到什麼樣的內容？可以宣導到系上什麼樣的教學特色？

好嘍，第一位老師講完準時結束，第二位老師進去。等等！要先等第一位老師收電腦，然後一樣的程序，換第二位老師接電腦、接投影機，麥克風測試一下再發傳單，這樣又 5 分鐘過去了，一樣只剩 11 分鐘。但第二位老師對於他們學校的認同，實在講得太激動了，11 分鐘已到但他還沒講完，這時就必須還要再等他一下，等他講到一個段落，終於結束了。好啦，這第二位老師講超過了 11 分鐘，所以……第三位根本就不用宣導了，因為只剩 3 分鐘。

所以，我常說時間及成本的因素非常重要，只要沒有把時間成本考量進去，其實這都是在做賠錢的生意，實在是很要不得的做法。

21 有脈絡與深度的 18 種思考法

在整個創意過程中,各種思考的脈絡是一件不可省略的工作。如何去發現問題、定義問題跟解決問題,都需要利用各種思考術、思考方法或技巧來貫穿整個創意、創新及創造的脈絡。**「思考」不是胡思亂想,更不在做白日夢**。整個過程其實有一種看不見但好像又存在的規則或方法,這種就是一種脈絡。所以,簡單來說,整個創意思考的過程,有各種思考方法,我們可以試著利用這些方法,來增加我們在創意思考的能量。

你覺得自己有過真正的思考嗎?你一定會說:「有啊,我們每天在思考,我每天一起床就在思考今天要不要去上課?要吃什麼早餐?要買什麼飲料喝?要穿什麼衣服?放假要去哪裡玩?」我認為,這些都不是所謂真正的思考,只是在做一種選擇。這種選擇只是「好」或「不好」、「要」或

「不要」，你好好想一下，是不是我說的這樣？

所謂真正的思考，不只是「好」或「不好」、「要」或「不要」，而是如果選擇了「好」後，會有什麼問題？會有什麼影響？因果關係？有利或無利？對我是否有幫助？如果選擇了「不好」後，又會有什麼問題？我想這才是所謂真正的在思考。

思考絕對不是用腦袋在那邊東想西想就叫做思考。隨著年齡增長，我們都有這個現象，上一秒想的東西在下一秒就忘了，所以只要我認為很重要的事，就要立刻用筆和紙去記錄下來。如果身上臨時沒有筆和紙怎麼辦？這時候手機的拍照功能就很重要了。我就是會這樣，我不知道你會不會。

所以**在思考的過程中，一定要去善用紙和筆。在思考的過程中，任何的想法都要試著用自己的習慣、方法去記錄下來，唯獨動筆記錄下來的過程，才能達到真正的思考。**當然有很多人問我，一定要動筆嗎？我打字比較快啦！我用手機輸入比較方便啦！當然也可以，每個人有每個人的習慣，但我還是要強調，根據我多年的經驗，唯獨用筆去記錄在隨身的紙上或寫在筆記本上，才能真正融入到腦袋的資料庫中。用筆記錄在紙上，絕對不是把思考過程中的每一句話都完整記錄下來，這樣不但沒有效率更會影響真正的思考。

以下列出我常用的 18 種思考法。

❶ 煮菜思維：用組合產生創意

這是我提出的一種創意思考技法，創意思考其實就跟煮菜一樣。將各種創意點子（雞肉、牛肉、鹽、醋、醬油、各種食材、調味料）寫在便利貼上（一個點子、一個想法、一個技巧，一張便利貼只寫一種），然後隨意地進行各種組合，我想這是一種會產生很多意想不到創意的技法。

其實，**煮菜思維也就是一種組合思維，只是把已知的東西加以結合（也就是發明的三大原則、六大步驟中的組合）**。思考一下，當要煮一道菜之前，你已經想好了這道菜主要的食材和調味料，以及烹煮方法。可是，難道就一定要這樣煮嗎？所謂的創意料理，就是把傳統的做菜方式，然後再把食材改變一下，調味料調整一下，烹煮的方法調整一下，一種創意的新料理就此產生，不是嗎？

例如：

- 肚子好餓（發現問題）→想吃青菜＋加點不一樣的東西（定義問題）→想吃炒的＋有地瓜葉＋有皮蛋

（解決問題）＝皮蛋地瓜葉
- 肚子好餓又好冷（發現問題）→想要喝熱湯（定義問題）→龍蝦＋味噌湯（解決問題）＝龍蝦味噌湯
- 好想吃蝦（發現問題）→冰箱有龍蝦（定義問題）→用煮湯的、用蒸的、用沙拉、用烤的（解決問題）＝龍蝦味噌湯、蒜蓉龍蝦、龍蝦三明治、起司焗烤龍蝦

電視遊樂器的發明者諾南・巴西奈（Nolan Bushnell），當初會發明電視遊樂器只是他想到了把遊樂場搬到電視裡面，就是這樣的一種新的組合，電視遊樂器就因此產生了。

我們來舉幾個在煮菜思維中的例子，如果能將下列的例子運用到煮菜思維中，將會有意想不到的效果。

請班上每一個同學隨意拿出身邊的一個東西，然後請同學隨便找一個人把這兩件東西放在一起，思考這兩件東西可以變成什麼？這是第一階段。第二階段，原本兩個人的，再找一個人變成三個人，再把這三件東西放在一起，思考這三件東西可以變成什麼？這就是利用煮菜思維的方式，來產生新的創意。

你最喜歡的一種東西，你最討厭的一種東西。一樣找兩個同學為一組，把你最喜歡的東西跟別人最討厭的東西組合

一下,或許就有可能產生新的創意。

- 書+氣味=一本有味道的書。
- 書+音樂+紙喇叭=增加閱讀的樂趣。
- 旅遊書+悠遊卡=一本具有實用功能的工具書。
- 書+拼圖+書套=客製化自己喜歡的書套封面,成為獨一無二的書套。
- 網站+任何人=小說網站,一個可以接著前面的段落,發表自己的想法,成為永無止境的小說網站。

❷ 擴散思維:腦力激盪的第一步

一枝筆能有幾種用途?一瓶養樂多可以有幾種喝法?你可以想出 50 種肉粽的口味嗎?你可以想出 100 種可以賣冰棒的地方嗎?這就是一種擴散思維。

美國心理學家喬伊・保羅・吉爾福特(Joy Paul Guilford)在 1956 年首次提出「擴散思維」及「聚斂思維」這個概念。**擴散思維就是可以無限延伸、擴散的一種創意思考過程,透過大量的討論並提出各種可能性的解決方法。**它是一種可以無限自由發揮、大量思維與討論的方式,因此許多新

的概念可能因此產生。

擴散思維其實也就是一種腦力激盪法，是由美國BBDO廣告公司及《實用想像學》（*Applied imagination*）作者艾力克斯・奧斯朋（Alex Osborn）所提出的一種激發創意技法。這是一種結合眾人的創意、思考、想法及各式各樣點子的力量，讓創意能發揮到最佳化的一種技法。其中有幾個很重要的原則就是：**自由發揮、量重於質、嚴禁批評、結合改善。**

也就是說，在腦力激盪的過程中，你可以盡情自由發揮，想講什麼、想提什麼點子或想法通通都可以。只要想得到就提出來，我們不在乎你所提出包羅萬象的內容，我們只在乎你是否有想法。在這個階段我們所在乎的是「**先有量，再求質**」，也就是「**先求有，再求好**」。**先有想法或點子的量，再從量當中去篩選出具有價值的點子或想法。**

不管是誰所提出的點子、想法或方法，都不可以去批評別人所提出的方法或概念。最後，再把大家所提出的方法或概念，加以整合並改善形成一種具有創意的結合。不然就有可能造成「框架」或「偏見」的存在，這就是腦力激盪術的精神所在。

相對地，在腦力激盪思考術的運用中，遭到較多數人的批評，因為這可能會將問題無限延伸、浪費太多時間，不但

無法有效解決問題並可能帶來更多無意的反效果。但我個人認為，腦力激盪思考術不是不可行，是要將腦力激盪的時間及範圍做一些小小的限制。例如：你是否可以想出100種肉粽的口味，就100種，不然如果沒有設定這種口味及時間的目標，想到天荒地老也想不完。

我舉一個在擴散思維中實務應用的案例：如果有一家專門製造兒童鞋的業者，如果能將擴散思維運用到兒童鞋的開發中，將會有意想不到的效果。

- 如果想要研發一雙兒童的學步鞋，你會考慮的因素有那些？
- 為什麼要穿學步鞋，它跟一般的鞋有什麼樣的差異與不同？數據？證明？
- 主要客群是誰？媽媽？什麼年紀的小朋友？臺灣？日本？德國？美國？
- 學步鞋穿在腳上時，鞋內的溫度，是否適合兒童？與一般鞋差異在哪？
- 要選擇什麼性質的通路？賣場？百貨公司？網路？差異在哪？
- 穿學步鞋只能用來走路使用嗎？可以玩遊戲？戶外？室內？

- 學步鞋的重量為何？為什麼要設計這個重量？
- 學步鞋適用黏貼式？鞋帶式？直接穿套式？
- 我為什麼要買這雙學步鞋給我的小朋友穿？
- 我如何知道這雙學步鞋適合這位兒童使用？
- 學步鞋的顏色跟兒童有什麼樣的關係？
- 學步鞋什麼時候開始穿？時間？年紀？
- 穿學步鞋時，適合在什麼地方行走？
- 這雙學步鞋，有其他的附加價值嗎？
- 有相關的科學實驗、數據、證明？
- 為什麼要選這個產地、製造？
- 學步鞋跟襪子會有關係嗎？
- 會有什麼的風險評估？
- 學步鞋可以穿多久？

還是要注意發想的時間及範圍，還是要有些限制，不然想一輩子都想不完。通常我們在設計開發一件產品時，我想設計開發的相關人員，最重要的研究時間都是在這件商品及各種消費者的行為。可是你有思考過，當我們花了所有的時間在設計一件產品時，但總是好像缺少了什麼？甚至都不會去思考到所謂的代理商、經銷商、賣場，他們的需求嗎？這是一種很重要並值得我們再去深度思考的商業行為模式。

最後我們來思考幾個問題:如何再創及產生所謂的附加價值?

有些東西平常不可不備,但有可能一輩子都用不到或可能就用那麼一次而已,而這個東西我們是不會希望用到它,但它卻在我們日常生活中又是一種很重要的東西。也就是你是否可以思考一下,例如:滅火器、不斷電系統照明燈、備用樓梯、逃生安全梯等,是否可以讓它不要只是單獨的一種功能,是否有機會能創造這些東西的附加價值。

- 一樓商店:休息後,鐵門出租當廣告牆、門口出租給攤位……
- 芭比娃娃:可以換不同的衣服、飾品、髮型、房子、家具……
- 線上遊戲:先免費,再添購寶物(買點數)……
- 社群軟體:登廣告、結合商店、叫車服務、線上付款(結合銀行)……
- 大樓車位:住家大樓(白天出租)、辦公大樓(晚上出租)……

❸ 收斂思維：腦力激盪的下一步

就是把剛剛擴散思維過後的所有點子，做一個總整理、總分析後的一種思考模式。尤其在做完擴散思維過後的點子，再利用收斂思維做一個總整理、總分析，讓剛剛的想法、點子做一個有效的收斂並產出有創意的想法或點子。

但在使用收斂思維法時有幾點是我們要注意的事項：就是把剛剛所做的擴散思維過後的想法或點子，**要有目標的整理、要有同性質的收斂整理、要有非同性質的收斂整理**，最後再做一個縮小範圍後的總整理，提出最佳化且具有價值性的解決問題方法。

❹ 破壞思維：挑戰舊有的思維

破壞思維，就是當一種創新的概念被提出後，相對地，就會造成另一種破壞的產生。數位相機的發明者是柯達（Kodak），但敗給數位相機的也是柯達？柯達在1975年發明了數位相機，改變了原本的膠捲底片所占有的市場。

這個改變讓原本要經過多道程序及時間才可看到照片的效果，但也就是數位相機的發明而縮短的程序及時間，而嚴

重影響到原有的照相館沖洗照片的業務。創新是一件非常重要的思維，但創新在當時的時空、環境、背景或許在當時是獨特性的，但如果只有單一的創新是不夠的，也就是說**「沒有最好，只有更好。」**

所以當時柯達公司發明了數位相機的這種具有革命性的產品後，卻沒有在這個產品積極地加以謀求更佳的商業經營模式，卻堅守著膠捲底片的市場，最後導致虧損連連。

舉個在破壞思維中的例子，由於網路購物的簡單、快速又有價格上的優勢，這解決了現在忙碌人的購物習慣，相對地，由於這個破壞性的創新造成一般開店經營者的經營嚴重打擊，這就是一種所謂破壞思維。例如：

- 由於數位相機的普及和儲存設備的低廉，現在不管是專業的攝影師或一般人拍照後都不會去照相館沖洗照片，反而備份或保存都會選擇儲存在硬碟或雲端中。前幾年，我們在填寫相關的報名表都還有紙張或先印刷好的表格，讓人填寫及貼上傳統的大頭照照片，所以我們前幾年都還有機會去照相館沖洗大頭照的照片來貼在報名表上，現在所有的相關報名程序，全都在線上填寫，如有需要再列印即可。
- 在傳統的書局我們可以享受逛書局、看到喜歡或想

看的書,可以拿一下摸摸、**翻翻**這本書的感覺。但由於網路書局可以很簡單快速的總覽、分類、搜尋到你所要的書籍,再來就是在網路上買書享受的優惠又比一般傳統書局的優惠較多(因為沒有實體書店的成本,尤其是人力的成本),所以網路書局的盛行及普及,因而造成在經營傳統書局的業者一一倒閉或朝複合式的方式來改變經營的方法或策略。

❺ 反向思維:逆推與重組

在工程學上稱為「逆向工程」(Reverse Engineering),也就是一種反向思維。**反向思維就是利用一種原本已有的模式,利用逆推、反向等思考模式,重新定義或再思考。**人類是一種具有方向性的動物,也就是因為有方向性,所以方向性是一種習慣的造成,所以我們要去改變這種習慣,進而產生一種不同於習慣的創意思考。

舉個在反向思維中的例子:如果在原本只有「唯一」、「單向」的選擇,能將反向思維運用到「多種」的選擇,將會有意想不到的效果。

- **被動反向思考成主動**：電視是單向的，收看者處於被動。是否可以將被動的效果轉換成主動，讓收看者可以自由選擇想收看的視野、角度。這就是一種反向思考的技法。
- **將劣勢轉化為優勢**：在殯儀館週遭的房子，對於一般人來說是買房子中最討厭的一種設施且也是最忌諱的一個地方，所以絕對是行情中最低、最不好成交的一個區域。所以我們要反向思考，在殯儀館週遭的房子，要賣（租）給一般民眾絕對將是一個失敗的策略，所以我們要利用反向思維，要把房子賣（租）給想要從事殯葬禮儀的業者，讓它成為一個可以做生意的地方。

  - 不健康的食物＝健康的食物：例如，水果漢堡、用蒸的薯條、蔬菜口味的洋芋片等。
  - 單機遊戲（要錢＝固定的裝備＝單向／單工）＝網路遊戲（免費＝但要買裝備＝半雙工）＝手機遊戲（免費＝也要買裝備＝全雙工／電視臺與手機遊戲結合）
  - 郵購（單向／郵政劃撥）＝百貨公司（雙向／直接付錢）＝電視購物網路購物（單向／分期付款）

- 照相館（沖洗照片／雙向）＝數位相機（沒有膠捲底片而導致照相館的消失／單向）
- 可以在高爾夫球場賣名牌包？那可以賣大場麵線跟臭豆腐嗎？
- 可以在百貨公司賣高爾夫用具？那可以在夜市賣高爾夫球用具？
- 可以在殯儀館旁開百貨公司？開新車展示中心，賣新車？
- 可以在路邊攤賣名牌包？在飛機上可以賣名牌包！為什麼不會（不能）在公車（火車）上賣名牌包！

反向思維是要有意義的反向，不然只會造成不必要的困擾或損失。也就是要會、要能「提出懷疑」才會有創意的產生。所謂的提出懷疑就是在創意思考的過程中，適時地去看待問題並反向性地思考。

❻ 模仿思維：創意的最高境界

在《舊約聖經》有一段話是這樣說的：「已有的事後

必再有；已行的事後必再行。日光之下並無新事。」也就是說，天底下該發生的事都已經都發生過了或已經都存在了，不管是好的壞的，只是還沒有被發現而已。

　　模仿就是一種抄襲!?我認為這個說法是不正確的，應該是說：模仿是一個起點來源，然後再用自己的方法去達到所要的目的。再更簡單的說，我們聽了一位歌手的歌曲，學著這個歌手唱出他的歌，這就是一種模仿，雖然感覺很像，但還是不一樣。不一樣的人、不一樣的聲音、不一樣的感覺及不一樣的水準。但如果要說所謂的抄襲，應是一種完完全全的複製，所謂的複製就是跟影印機一樣，複製出一模一樣的東西。畢卡索曾說：「優秀的藝術家是模仿，偉大的藝術家是剽竊。」（Good artists copy, great artists steal.）、「人才靠抄的，天才靠偷的。」（Talent imitates, genius steals.）

　　其實所有的創意，都是在學習模仿別人以前做過的事，只是這件事我們增加了不同的元素在裡面而產生了一種新的元素。這個創新的元素，如果又能將這種創新可以真正的實現，這就是一種創造，最後將這個創造再去轉換成價值。

❼ 突破思維：改變你認為的「就是這樣！」

　　突破思維就是要改變你認為的「就是這樣」。再簡單一點說，就是要改變你原本就是這樣想的。舉個例子：如果你要拍一部有關黑幫販毒情節的電影，你會如何描述這個劇情？但不管劇情如何，一定會有幫派、販毒的情節。但如果說，我的劇本裡從頭到尾都沒有出現幫派及販毒的情節，可以嗎？我想到目前為止很少可以看到這樣突破思維，但如果真正可以，這就是真正實行了所謂突破思維的方式。

　　我們都欠缺這種突破思維模式，因為我們已經習慣了現有的生活模式，也被現有的生活模式所限制住，把現有的生活習慣都當作理所當然。也因為這樣，所以我們現在最缺乏的就是如何去啟發突破思維。**要打破突破思維，要先解決直線思維，而直線思維就是打破舊有的傳統習慣思考。**

　　突破思維是可以訓練的，例如：類似腦筋急轉彎的題目，好像答案都很瞎，但很可能這就是最佳的答案。

經典故事與「醞釀效應」

　　我們再來說說幾個跟突破思維有關的經典故事。

法國數學家亨利・龐加萊（Henri Poincaré）：傳說在 19 世紀，這位數學家為了一道數學題目想破了頭，怎麼想都想不出解決方法。他決定先去旅行，就在準備出門的時候，突然腦中的解答一一浮現在他的腦海中，他立刻放下手邊的所有行李，跑回書房，把困擾已久的數學題目寫出了解決方法。

逃漏稅的商人：古代將商品運出城外必須繳稅，但有些商品是免稅的，例如衛生紙、動物大便和沙子。有位商人將衛生紙裝滿三輪車運出城，衛兵仔細檢查後放行。第二次，他運的是動物大便；第三次，運的是沙子。每次衛兵都檢查得很仔細，但因為這些東西都免稅，也只能放行。過了好幾年，這位衛兵遇到商人，好奇地問他到底運了什麼逃漏稅的東西。商人很得意地說：「我逃漏稅的不是那些商品，我逃漏稅的是三輪車。」

阿基米德與「尤里卡！」（Eureka!）：這個故事是心理學家所稱的「醞釀效應」（Incubation effect）。國王要求古希臘科學家阿基米德檢查一頂皇冠是否為純金。阿基米德苦思不解，有一天當他泡進浴缸時，水滿了出來，他突然頓悟了！他興奮地跳出浴缸，裸著身子跑出去大喊：「尤里卡！我找到了！」這就是醞釀效應的經典例子。

高橋晉平與「無限毛豆擠擠樂」：這是一個真實的例

子。日本玩具企劃開發師高橋晉平為了一個玩具企劃煩惱不已，很沮喪也很生氣。他想到大家都很喜歡捏氣泡紙來紓壓，那為什麼不設計一個可以隨身攜帶的氣泡紙玩具？就這樣，狂賣超過三百萬個的「無限毛豆擠擠樂」誕生了。

雖然有很多文獻在探討這些故事的真實性，但它們都清楚地告訴我們，這就是一種突破思維的好例子。

突破思維的應用與總結

直播是現在很流行的一種社群媒體功能，利用動態即時攝影的方法，跟朋友分享你現在在幹嘛。但利用突破思維，思考直播還可以做什麼，所以現在最流行的就是直播拍賣。

再舉幾個很好玩又跟突破思維有關的問題。例如：一位有錢的董事長，女兒同時喜歡上兩個男人，不知要嫁給誰。父親便舉辦一場比賽：「這裡有兩部車，左邊這部車是甲男的，右邊這部車是乙男的，誰的車最後開到終點線，誰就可以娶我女兒。」這時甲男就馬上把車開走，為什麼？這裡有兩條繩子，從天花板垂下來，兩條有一段距離，也就是說一手抓住左邊的繩子，另一隻手就抓不到右邊的繩子。你如何讓兩條繩子打結？（但你有一本書、一臺筆記型電腦、一枝鉛筆、一隻公雞、一顆石頭，可以運用。）

總結，要有所謂的突破思維，根據許多研究，都是在最輕鬆的時候，突然間的突破而有了「靈光乍現」的創意產生。所以**突破思維就是我們常說的「靈光乍現」**。但你一定要很清楚我前述章節中所說：有「靈光乍現」這個東西嗎？

❽ 塗鴉思維：視覺化的思考工具

我要先說明，所謂的塗鴉思維（Doodle Thinking）絕對不是你想像中的那個塗鴉，如果你還認為塗鴉只是在紙上亂畫而已，那就真的誤解了塗鴉的認知了。美國塗鴉思考大師桑妮・布朗（Sunni Brown）說：「塗鴉的定義，從 17 世紀的被認為是頭腦簡單的人或傻子；18 世紀的被認為是嘲笑、詐騙、愚弄；19 世紀的被認為是腐敗的政客，專門浪費公帑、或利用職位牟利的人；如今塗鴉還是被認為是無所事事的人或消磨時間的人在做的事情。」

我想說的是，**塗鴉思考是一種非常簡單又輕鬆的創意思考技法，利用身邊隨時可得的工具（鉛筆、原子筆、彩色筆等）隨意地畫出想表達的一種心情，這種心情的表達就是一種創意的來源**。圖案比文字來得簡單、清楚、好記憶、好溝通、好理解，越是放鬆心情，越有機會產生出不一樣的創

意。所以有很多的研究認為，視覺閱讀（visual read）或具體性的圖像（visual representation）絕對是有助於思考的！也就是說畫圖是思考的一個過程，畫圖有助於您的思考能更周詳及嚴密。

但我還是要補充說明一下，要運用塗鴉思考，不代表你一定要很會畫畫。這裡說的畫畫，不等於那個你認為的畫畫，也就是說，只要會畫就好，只要自己看得懂就好。「光用想的」，是一般人在做的事，但「思考」是更進階的人在做的事，這就是為什麼說畫圖有助於讓你的思考更加周詳或嚴密。細想一下，你要將圖畫展現出來之前，需要透過你的手和手上的那枝筆，但誰能控制你的手和手上的那枝筆？那就是你的大腦。也就是這樣，**經過了思考整理後，再透過手去紀錄或畫圖，這是有助於你大腦運用的**。

塗鴉牆：我的創意靈感來源

塗鴉思維，除了利用隨身可得的工具隨意地塗鴉或畫出當時的一種心情紀錄。我也把它運用在我的辦公室及家裡的環境，在辦公室及家裡我都有一面的牆，在這面牆上我會裝上一大面的玻璃，來當作我的塗鴉牆，我就會在這面牆上隨意的畫畫、把今天的心情寫上去、看到一份報導，我會剪下

來貼上去。任何人都可以在這面牆上，寫字、塗鴉，但有一個唯一的要求，就是不能擦掉別人寫的東西。其實就跟臉書及所有社群網站的概念一樣。這是一種很神奇的東西，我就是從這面牆上，想到無數個創意的構想，真的，你一定要試試看。

最後你有沒有發現，我們在很多學習（上課、聽演講、研討會等）的場合，都是利用簡報的方式來呈現，為什麼都要利用簡報來呈現呢？就是因為圖示的展現會比文字展現來得容易解讀並理解。所以以後在做簡報的時候，千萬不要再把所有的文字打在簡報上。

❾ 矛盾思維：真假之間的衝突

通常當要抉擇時就會產生一種衝突的對立，也就是說對於將要抉擇一件事時，同時會產生可行或不可行的衝突現象，這就是一種所謂的矛盾思維。其實這種矛盾思維，在實務上是一種非常重要及常見的思考法。

實務上各種工程建設中，會有一種具有防護功能又有阻擋功能的設備，這種設備我們都稱為「紐澤西護欄」（New Jersey barrier）。一般常見的紐澤西護欄有兩種，一種是用

水泥鑄造而成,一種是用塑膠射出成型,這兩種各有優缺點。所以如果我們想要有一種具有防護及阻擋功能的設備,這種設備必須具有穩固性、使用時不具有隨意移動性(就是使用時須有一定的重量),又需要搬移時,具有可輕易移動性。這就是一種典型的矛盾思維。

要如何思考,才能同時符合所需的要件及功能要求?所以我們是否可以在塑膠的紐澤西護欄上方及下方各製作數個可以加水及洩水的通道開關,使用時可加水至紐澤西塑膠護欄內,因為有加水進去,所以紐澤西護欄因此可以增加重量,有了重量後就具有不易移動的功能及穩固,不使用時只要把水洩掉,就會變成一個空的塑膠紐澤西護欄,不但輕便又可隨意移動搬運,而這種具有加水及洩水的紐澤西塑膠護欄在現實的生活中,已是一種很常見的設備。這就是一種很典型的矛盾思維技法。

免費雞蛋與免費房子的矛盾

還有一個值得我們思考的現象,我認為它也是一種矛盾思維的概念。試想一下,如果有新開幕的店家,只要排隊前100名的民眾就送一盒雞蛋,這個時候你會去排隊嗎?你幸運地排到前100名,拿到了免費的雞蛋你會很開心嗎?你會

害怕嗎？你拿回家後你會煮來吃嗎？我相信你應該會回答：「我會去排隊、我會很開心、我不會害怕，我會煮來吃。」

好，再來試想一下，如果有新開幕的店家，只要排隊前100名的民眾，就送一棟房子，這個時候你會去排隊嗎？你幸運地排到前100名，拿到了免費的房子，你會很開心嗎？你會害怕嗎？我相信你應該會回答：「我不會去排隊、我不會很開心、我會很害怕，因為這一定是詐騙集團！這一定有問題，天底下沒有那麼好康的事。」

所以，我要大家思考的是：什麼東西可以免費？什麼東西不可以是免費？我想所有消費者的心態都是一樣的，只要是消費者都喜歡看到「特價」、「打折」、「買一送一」、「封館出清」、「倒店貨」、「第二件半價」等。但免費的並不是都會讓消費者接受、喜歡的。就前述所舉的例子，便宜的東西，消費者可以接受免費的，但很貴甚至是天價的東西，消費者不但不會接受，反而會害怕，這就會產生一種矛盾性的思考。

矛盾思維的兩種形式

矛盾思維可分為真矛盾及假矛盾。何謂真矛盾？也就是抉擇A時，但又發現A是錯的。那另外再抉擇B時，又發

現 B 也是錯的。例如：

- 一個出口，沒有阻礙，疏散速度較慢。一個出口，有阻礙，疏散速度較快。
- 程式對，邏輯錯。邏輯對、程式錯。
- 狗有四條腿，動物有四條腿，所以動物就是狗？（邏輯上的錯誤）
- 看完下列題目，你有什麼樣的想法？你的想法是什麼？

老師說：「這次考試大家都考得很好，平均成績都在 90 分以上。」

甲：「我不小心錯了兩題。」
乙：「我昨天看的，還好今天都有考出來。」
丙：「我是偷看甲的答案。」
丁：「是我家的神明有保佑啦。」
戊：「是十八豆仔（骰子）幫助我的。」
己：「這麼簡單的題目，我早就會了。」

❿ 批判思維：合理質疑與論述

所謂的批判思維（Critical Thinking），就是針對問題提出一個合理的解釋。很多人都誤解「批判」這兩個字，因為大家都會把「批判」跟「批評」搞混了。

在創意思考的過程中，我們一定會去參閱許多資料，但我們應該對於各種資料給予一種批判的論述，例如：「如果這個商品再加上個按鈕，應該會比較好！」「我覺得這個商品可以增加這個功能或這個按鍵，一定會更符合女性消費者的喜愛！」

但不要也不需要給予所謂的批評論述，例如：「這件產品真的有夠爛，一定賣不出去。」「白痴喔，怎麼這邊會多一個按鍵呢？」或許在你的認知中，它是一種不好的產品或發想，但對方當初在做這個商品或發想的時候，一定有他當初的意思或想法，也可能在當時的時空環境，它是件很好的商品或發想。

但因為時空環境的改變，它可能在現在的環境中不是一件很好或很優的商品，但也不需要去批評他人的商品或想法。這個批判跟批評，在我們的創意思考中，是一個很重要的思考方法。

⓫ 跳躍思維：打破傳統的束縛

　　所謂的跳躍思維，就是一種跳脫並改變傳統習慣的思考模式，而這種思考模式與現實或現況產生了相當的衝突。尤其是公務機關在宣導各種活動中，都過於保守的宣導以致效果欠佳。如果各公務機關在宣導各種的預防措施能將跳躍思維考慮進去的話，我想將會有不一樣的效果。

　　例如：在超速照相機取締前的警告標語，不要就只是立一面告示牌說：「前有超速照相，請減速慢行。」我想這種效果只是會讓駕駛人知道照相機要到了，減速！不要被照相了！但一過了超速照相機後，還是會一樣加速勇往直前。所以是否可以將警告標語改成，溫馨的圖片來提醒駕駛人。如果超速了，你將會收到一張很貴的罰單（在超速照相機前300公尺有一張圖片的告示牌，告示牌上有一張圖片，這張圖片的效果是：「很多的錢上裝了翅膀，飛走的感覺！」接下來在超速照相機前150公尺，有一張圖片的告示牌，告示牌上有一張圖片，這張圖片的效果是：「前面有你的粉絲……等著跟你合照！」然後接下來，就會看到一架真正的超速照相機在你的正前方。）

用跳躍思維創造衝突與共鳴

再舉幾個例子,思考一下,如果運用跳躍思維後,你會有那些更好的方法或例子。

- 戒菸廣告:吸菸室(區)布置成告別式會場。我想這就是一種跳躍思維所造成相對的衝突,讓癮君子要抽菸可以,請到吸菸室(區),一進到吸菸室(區)就好像去參加一場告別會的會場一樣,我想這種感官效果,大於一般的警示文字或標語。
- 路平專案:在告示牌上有一個大大的電熨斗圖案。不要就是放一個告示牌說什麼時間要鋪路,請大家配合、忍耐。我想這只會讓更多的用路人造成反感,所以我們要如何讓民眾、用路人、駕駛人產生好感並期待這個的路平專案。

⓬ 限制思維:用框架激發創意

所謂的限制思維,**就是限制在一定的時間、範圍、方法或目的。如果在一定時間內完成目標後再給予一定的獎勵措

施或方法，我想這是一個非常重要的思考及方法。

更簡單的說明就是，在限制思維中最常見的就是成本上的限制。如果要發明一種與寶特瓶相關的專利，在整個創意思考的過程中，就要把寶特瓶實際的成本及相關產品在銷售時的價格限制並考慮進去，不然將是一件有創意但沒有用的專利。例如：想要發明一種寶特瓶蓋，在使用時具有不易脫落的功能。

所以將來這個發明的成本是第一個重要的考慮因素，也就是說現在市售的寶特瓶飲料（600cc）介於 10 至 30 元之間，但你不能發明一個真的有不易脫落的功能，但結果這個製造成本要 100 元，這就是一件有創意但沒有用的專利，也就是當初沒有把限制思維加以考慮在整個創意思考發明中。**有時相當的限制也能激發創意的一種好方法，至少可以縮小創意的範圍。這種限制最常見的就是成本上的控制及限制。**

渴望行銷：用限制創造價值

在限制思維中常用在一種所謂的渴望行銷手法，例如：

- 只有穿高中的制服才可以買的（酸酸甜甜）（初戀的滋味）的東西。

- 只有是禿頭才可以買的東西（鼓勵禿頭的人）。
- 只有騎摩托車的人才可以買（嘉勉下雨天騎摩托車的人）。
- 只有坐公車（捷運）的人才可買（鼓勵使用大眾交通工具，節能省碳）。
- 只有今天（物以稀為貴的概念）。
- 最後 10 位（物以稀為貴的概念）。

⓭ 機械思維：嚴謹，但不適合……

所謂的機械思維，就是**「提出假設，確實驗證，再提出假設，再次確實驗證」**的這種機械式思考方式。雖然這種思考模式嚴謹、縝密，但如果是具有時效或日常生活中的消費型產品，就不太適合這麼嚴謹的驗證，可能等你把所有相關的驗證程序做完，這個商品也過時了。

例如：iPhone 16 的手機保護殼或具有特殊功能的保護殼，是用在 iPhone 16 上。這個時候我想只須達到基本符合功能或法規的要求後，就可以上市了，不然等你真正完成所有的驗證，我想 iPhone 16 都出到 iPhone 26 了。

⓴ 對比與衝突思維：創造強烈衝擊

對比思考法（Contrast Thinking）或稱衝突思考法（Conflict Thinking），是一種很簡單的創意思考方法，就是**利用衝突或對比的方式，運用在創意的思考中**。例如：

「在沙漠中，建一座室內滑雪場。」
「在傳統市場中，加裝冷氣。」
「比薩裡加上皮蛋跟香菜。」
「在五星級飯店，賣大腸麵線跟肉圓。」

這種對比或衝突的創意思考法，只有一個重點，就是可以引起一般人對於傳統、習慣的一種注意及改觀。也就是說，如果在「衝突」與「對比」的情況下，對於一般人的認知會引起強烈的衝擊與關注。

⓯ 禁忌思維：從拒絕中找靈感

往往我們都唯恐不及地去拒絕、去逃避，也都盡量不去碰觸各種禁忌。但為何不從這個角度出發？或許別人不碰的

問題，卻可能是我們創新或重新思考的一個開始。

⓰ 娛樂思維：快樂是創意的催化劑

很快樂、很輕鬆、很自在地去享受你喜歡的人事物，這就是一種娛樂思維。人在最輕鬆、最快樂的時候，就是去做自己很喜歡的事。例如：跟很好的朋友去喝咖啡、聊是非。去逛街買東西、去吃美食、出國去旅行、看漫畫書、看電影等。其實在這種很快樂、很輕鬆、很自在的過程，可以激發出很多很好的創意。

⓱ 計算思維：用數字優化創意

計算思維或稱數字思維，就是在創意思維的過程中，**如何運用加減乘除的運算方法，讓整個過程達到最大化及最佳化**。例如：

- **加法**：學習者（學生），每天用加法的學習知識。
- **減法**：教學者（老師），每天想要用最有效率的方

法，把他所會的東西傳授給學生。
- **乘法**：利益者（老闆），每天想要把所有的商品一個一個用相乘的方法，來轉換成他想要的利潤。
- **除法**：決策者（主管），每天都在想這麼多的問題，如何用最有效率的方法來解決問題。

⓲ 設計思維：以人為本的核心

前述的思考模式，如果最後沒有以設計思維為主，再有用的思考模式都是沒有意義的。先說明一下何謂設計思維，最簡單的說法就是「以人為本」的設計思考模式。

所有的創意、創新及創造，都必須以人為主，如果設計出來的東西，不是以人為本的設計，就等於無效設計。但這時一定會有人說，那我幫動物設計，那動物不是人，所以這個設計就沒意義嗎？我不是這個意思，你再仔細思考一下，雖然你以動物為出發點，最後還不是要用在人嗎？

要考慮的因素有人因設計、行為設計、服務設計、管理設計、社會設計、感性設計、永續設計、技術設計、成本設計、包裝設計、行銷設計、簡單設計……我認為在以人為本的設計概念中，最重要就是感性設計。

22 要會問「問題」，更要會「問對問題」

要會問問題之前，要思考的是你問的問題對方清楚並了解是你要問的問題嗎？自己清楚自己要問的問題是什麼？可是通常可怕的是我們都不太會「問問題」，不會問問題就算了，更可悲的是「問錯問題」。例如：鑰匙掉在地上，你要怎麼辦？就撿起來啊。你現在受傷了，下一步你要怎麼辦？當然去醫院看醫生啊。你到底有沒有收錢？難道有人會說：我有，我有貪汙收了對方的錢嗎？這些就是沒有經過思考的問題，最常在記者採訪新聞時看到，真的是⋯⋯

上課的時候，我都會做一個實驗，就是從身上拿出一枝筆來，然後問學生，這是什麼東西？學生就馬上會說「筆」，不然就會說「原子筆」。這證明大腦真的是一個很懶惰的器官，如果你不叫它思考，它就不會思考。要具備擁有創意的能力，很重要的是要會問「問題」，更要懂得「問

對問題」。

如何「要會問問題」？就是**在回答發問者的問題前先思考，發問者所要問的最終目的是什麼？然後經過思考、了解後，這樣才可以有效回答發問者所要問的問題背後真正的含義或答案。**

再來如何「問對問題」？就是要經過思考後再問，盡量不要問一些沒有意義的問題。尤其是父母親，通常都只會問小孩：「功課寫完了嗎？考試考得怎樣？」這樣的問法，小孩只會「反應式」地回答你，並不會經過思考後再回答你。所以是否可以換成另一種問法：「今天的功課做得怎樣了？有什麼特別的嗎？」「這次考試，考得如何？你覺得這次題目出得怎樣？」尤其當是被動的資訊將會影響到思考者的思考與抉擇，所以不可不謹慎發問者真正要發問問題的含義。

「我們公司的規定就是這樣啊！」
「我們之前都是這樣處理的啊！」
「老師就是這樣教我們的啊！」

這些都是根本不知道我前文所說的，根本連去想解決問題的心態都沒有。你到底知不知道對方的目的是什麼？你有去問對問題嗎？如果根本不知道真正的問題是什麼，那絕對

解決不了問題。有一個店員跟客戶在店內吵架，你認為是誰的問題較多？所以，當有人問你問題的時候，一定要很清楚地知道對方到底要問你的問題最後的含義、目的是什麼？他要問的真正的問題是什麼？他問這個問題後，想要解決的答案是什麼？**如果不先經過思考，很多人根本就不知道真正的問題是什麼！**

改變問法，讓回答更有價值

到底什麼才是發問者真正要問的問題？相信大家都有過面試的經驗，當面試官提出問題給你時，你都會照著他的問題去回答。可是這是最好的解答或解決方法嗎？你有過或敢反問問題嗎？同樣的問題，在時空環境不同的狀態下可能各有不同的解決方法，所以要清楚了解這個問題真正的問題所在，要解決問題的所在，而不只是單純地去回答問題。

亨利‧福特（Henry Ford）曾思考：「我要如何讓我的員工可以遷就於工作？」轉變為「我要如何讓工作遷就於我的員工？」，因此發明了生產線。

愛德華‧金納（Edward Jenner）曾問：「為什麼人會傳染到天花這個疾病？」轉變為「為什麼在擠牛奶的人都不

會傳染到天花這個疾病？」，因此發明了天花疫苗。其實每個問題都有相對解決問題的答案，但我們應該問對真正的問題，才能解決所需的答案。

也就是說，**沒有最好的解決方案，只有更好的解決方案**。成功的人，在於看到了一般人沒有看到的問題，問了一般人不會問的問題。也就是：「問題要問清楚，更要會問對問題。」這樣才會更清楚看到一般人看不到的問題。

舉幾個例子，就會更清楚要會問問題及問對問題的重要。

改變問法，讓回答更有價值

發問者：「這本《逆思的勝算》，價值多少錢？」

回答者：「請問你要問的是這本書的零售價？還是要問看完這本書後，得到的價值是多少？」

重點：一般沒有經過思考的人，通常會馬上回答條碼旁的建議售價。但如果經過思考，然後反問發問者，就能了解發問者所要問的問題含義。

套餐行銷的問法

發問者甲:「請問要多加一份套餐嗎?」
回答者:「不用,謝謝。」
發問者乙:「請問要加一份套餐?還是加兩份套餐?」
回答者:「先一份就好。」

重點:許多研究證實,在潛意識中,只要給消費者「一」或「二」的選擇,有多達 70% 的人會選擇一份,先試試看再說。但如果只有「要」或「不要」,通常消費者的潛意識中,都會選擇不要。這更能體會到會問問題及問對問題的重要性。

「1+1」的思考盲點

發問者:「1+1= ?」
回答者:「發問者你說的 1 是什麼東西的 1 ?」

重點:如果你說的是一杯水加一杯水,還是等於一杯水,只是容量變多;如果是一串雞屁股加一串雞屁股,就等於兩串雞屁股。

一塊錢掉進水溝的價值

發問者:「有一塊錢掉到水溝中,請問要如何撈起來?」
回答者:「只要再去賺就好。」
回答者:「回家跟媽媽要。」
回答者:「算了。因為成本效益不符,一塊錢掉到水溝中影響不大。」

重點:為什麼要把這一塊錢撈起來?這一塊錢有什麼特別的意義嗎?不把這一塊錢撈起來,會有什麼影響或重大的後果嗎?

高齡化社會下的新商機

發問者:「全球都即將邁入高齡化的社會,你的看法是?」
回答者:「我會進軍『單身』的思考及『單身』的商業模式。」

重點:大家都在往高齡化服務的思考模式,相對競爭大,獲利空間就會縮小。但進入高齡化社會,也代表結婚的

人減少、生小孩的人少，所以單身的人就會成為一種趨勢。所以可以朝「單身」的市場及商業模式去思考。

過橋的真正目的

　　發問者：「這邊有一條河，有一座橋，請問我要如何到河的對岸？」

　　回答者：「你要去對岸做什麼？什麼時候回來？這座橋有管制的時間嗎？這座橋有重量的限制嗎？你們有多少人要過去？」

　　發問者：「我只是要過去河的對岸看看，馬上就回來。」

　　回答者：「你只要走過去就好了。」

　　重點：不同的問題，有不同的解決方法。

早餐店的狗

　　客人：（有一隻狗，坐在早餐店門口。）「老闆，你家的狗叫什麼名字？」

　　早餐店老闆：「牠叫『旺來』。」

客人：「牠會咬人嗎？」

早餐店老闆：「放心，我家的狗很溫馴，不會咬人！」

客人：「旺來，來，抱抱。」（這時候客人被狗咬了一口！）

客人：「很生氣地對老闆說，你不是說你家的狗，不會咬人！」

早餐店老闆：「牠不是我家的狗，牠也不叫旺來！而且我養的狗，在我的電腦遊戲裡，牠又不是真的狗！」

重點：你應該先問，老闆：外面坐的那隻狗，是你的狗嗎？所以你沒有先求證並發問問題及沒有問對問題。

生命中的重要抉擇

發問者：「你生命中最重要的是什麼？」

回答者：「通常都會回答：爸爸跟媽媽。」

發問者：「你能活下來，你靠的是什麼？」

回答者：「還是一樣，通常還是會回答：爸爸跟媽媽。」

發問者：「你能活到現在，你覺得維持你生命中最重要的是什麼？」

回答者：「還是回答：爸爸、媽媽。」

重點:還是要問清楚,發問者的真正問題含義是什麼?發問者要問的是生養教育的問題?還是要問科學現象的問題?還是其他的?

猶太人與臺灣人的逃生哲學

發問者:「發生火災,你會帶著什麼東西逃生?」
猶太人:「書。」
臺灣人:「錢。」
猶太人:「因為書跟人一樣重要,且這是一種對書的尊重。」
臺灣人:「笨蛋!帶著書逃命,是一件笨蛋的行為,那麼重的書怎麼帶著走,好啦,你是可以帶幾本走啦?且又可能會影響到逃命。所以,只要帶著皮包走就好,因為皮包裡面有錢又有信用卡,只要有錢又有信用卡,就可以再買新的啊。」

重點:其實都沒有錯,看你怎麼想而已。猶太人要的是一種精神上的追求,我們追求的是一種務實。那我呢?我會回答:這些都不重要,只有趕快跑!

> 逆思的勝算

豪宅廣告的迷思

廣告:「一層一戶、豪宅極品」?
消費者:「我靠!這一定很貴!算了,我們買不起!」

重點:看到這個廣告,你有認真思考過嗎?例如:一戶是幾坪?豪宅的定義是什麼?這個房子的地段在哪裡?這些都是要思考的一個環節。

從現在開始,一定要記得,當有人問你問題的時候,一定要很清楚知道,對方到底要問你的問題是什麼?他要問的真正的問題是什麼?他問這個問題後,想要解決的答案是什麼?所以相對被動的資訊,是會影響到思考與抉擇。最後,敢提出問題,這就是一種好的開始。

第 4 章

解決問題，
就是學以實用

23　從「人事時地物」找到解方

在解決問題的過程中,最常發現的就是想的跟做的是兩回事。也就是說,**在創意思考的過程中,除了要會想,更要動手去做,這樣才能真正解決問題**。另一個問題是,即使問題解決了,但若不是市場所需的產品,那這個產品就是沒有價值的。

如果沒有先備知識,是無法解決問題的。就如同我在前一章節所說,剛出生的嬰兒絕對不會突然想到一件創意、想到一件發明或提出一個解決問題的方法,因為他根本還沒有經過學習及知識的吸收,所以現在的他,只會「叫」跟「哭」,所以這就叫做「叫屁」。在「發揮想像力」這個章節也提到,剛出生的嬰兒,肚子餓了哭、尿布濕了哭、身體不舒服時也就只會哭。除了這樣,其他都不會。但嬰兒會慢慢觀察及大量學習各種知識(觀察就是一種知識的學習),

然後再慢慢地學說話、學走路。所以，如果沒有基本的閱讀、專業、知識及經驗，是不會激發並發揮有效的想像力。

我還是要再強調一次，**要「大量的閱讀」，也就是「多聽」、「多看」、「多想」**。當你用耳朵聽多了、眼睛看多了，就會自動儲存到大腦的資料庫中。當你擁有龐大的資料庫的同時，創意思維就會在這個時候產生。

解決問題的五大步驟

當發現了問題，也清楚地定義了問題後，就要來考慮人、事、時、地、物的各種因素。所有的問題都要以人為中心，這也是我們所強調為什麼要創意、創新及創造，目的是什麼？就是要讓人可以在生活上過得更好、可以幫助人類解決現在所面臨到的問題。所以當要解決問題的第一個步驟就是要先從「人」的角度去思考。

- **人**：什麼人要用、什麼人會用、什麼人一定要用。
- **事**：什麼事要用、什麼事會用、什麼事一定要用。
- **時**：什麼時候要用、什麼時候會用、什麼時候一定要用。

- **地**：什麼地方要用、什麼地方會用、什麼地方一定要用。
- **物**：為什麼要用這個東西、為了什麼會要用這個東西、什麼時候一定要用這個東西。

「企業」就是一種幫人家解決問題後，獲得應有報酬的組織，這就是一種再普通不過的商業行為及交易模式。當有了人類後，就有了這種商業行為的交易模式。

原則上有需求就一定會供給，只要是人就一定會肚子餓，肚子餓就要吃飯。當有人需要吃飯，就會有人賣米；當有人賣米，就會有農夫去種稻米；當有人要吃飯，就會有人賣便當；當有人賣便當，就會有人賣便當盒；當有需要便當盒，就會有人去製作便當盒；當要製作便當盒，就會有人去製造紙；當有人要製造紙，就會有人提供製造紙的原料，這個社會的商業模式就是這樣不斷循環下去。

當然如果無法有效解決問題，不但可能賺不到錢，還有可能賠錢。

24 創造市場需求，再用「三安」打造暢銷品

有這個市場嗎？這個市場的需求度如何？是大眾的需求嗎？每個人都可以使用的嗎？是每個人都會用到的產品嗎？一般的消費者可以消費的商品嗎？這個產品可以銷售到各個國家嗎？民意代表在「選民服務」中，有一項就是要幫忙一般民眾「喬病床」，這就非常符合上述的需求與條件。

問：有這個市場嗎？

答：有！

問：市場需求度？

答：很大！在我的選區中，只要是人都可能生病，可是醫院的病床就是那幾個，所以市場需求度很大。

問：是大眾的需求嗎？

答：對！只要是人就會生病，只要生病，大家都想要得

到最好的照顧。

問：每個人都可以使用的嗎？

答：對！只要是人就會生病，只要生病需要住院時，大家都想要在最短的時間內有病房可住並得到最好的照顧及關心。

問：每個人都會用到的產品嗎？

答：對！只要是人就會生病，人都是吃五穀雜糧，那有不生病的

問：一般的消費者可以消費的商品嗎？

答：對！只要是人就會生病，只要有生病的人，都需要看醫生。

這就是所謂的市場需求。但我要強調的是，這種市場需求是不公平的，只會讓「有關係，就會沒關係；沒關係，就是有關係」的現象不斷產生。我們應該思考的是如何杜絕及解決這種不公平的市場需求。

當在創意思考時，還有一個大家都會遇到的盲點，就是我們要如何「針對使用者」的需求來設計我們的產品。你覺得這句話對嗎？我們應該更正確地說，在創意思考或設計產品時，是不是應該要思考：**如何設計出一個讓「所有的人」都可以使用的產品或設計，而不是只有針對特定的使用者。**

我的意思是說，最好的產品或設計，就是讓每一個人都會用到、都可以使用。

發明家最缺乏的能力，就是行銷能力。這也是為什麼臺灣有很大的專利申請數量，但卻在市場上商品化的數量或成功率上，呈現反比。這是一件很重要的事情，也是目前我國發明人絕大多數都遇到的相同問題。在所謂的發明界只有兩種人，一種是很有錢的人，一種是很窮的人。為什麼會這樣？因為我們都會發明、技術能量都很高，但事實上，能將專利轉換成真正的產品的數量卻很少。這個就是目前所有發明家遇到的一個很重要且嚴肅的課題。我們會發明，但我們不懂行銷。

有問題，才會有創意。
有想要，才會有創新。
有需要，才會有創造。
有需要，才會有市場。
有想要，才會有需求。
有問題，才會有發明。

創造故事，是行銷成功的關鍵

不管大人或小孩，都是喜歡聽故事的。只是小孩喜歡聽的是童話故事，大人喜歡聽的是有八卦的故事。所以只要是人，都是喜歡聽故事的，只是聽的故事類型不一樣。尤其是在行銷的過程中，一定要把行銷的目的創造出故事性的話題，這絕對能讓行銷成功一半。

不管在創意、創新、創造的過程中，要適當加入故事性的話題，這是一種很重要的行銷手法。在行銷的手法及創意中，其實有一個很簡單的概念，就是在行銷時，若能把行銷的目的創造出一個故事性或話題性，我想這就是一個成功的行銷手法。再來，這件產品不單是一件新的產品，它還擁有它特別的故事，我想這不但可以引起話題，更能創造這個產品的無形價值。

安心、放心、關心：三安原則

在買東西的時候，你覺得第一個會選擇這件產品最重要的因素是什麼？當你決定要買這個產品後，最擔心的東西又是什麼？每次我這樣問學生，學生的回答總是在品牌大小、

品質好壞、價格是否便宜、外觀設計是否美觀、好不好吃、好不好用、是不是離家最近的，但總是很少有學生會回答我心中想要的答案：「安心」。

先不考慮因人而異的因素，這時我就會反問學生，為什麼要考慮品牌的大小？學生就會回答：品牌比較大，相對的品質就會比較好。但有品牌就表示品質會比較好嗎？為什麼要考慮售後服務是否快速？學生就會回答：萬一東西壞掉，我想要在最快的時間內修好。為什麼要考慮是否離家近一點？學生就會回答：離家近一點的，我可以常常過去找老闆哈啦，順便有問題可以問老闆。總之，不管你選擇產品的第一考慮因素是什麼，我總覺得第一是讓客戶感覺到「安心」，才是最重要的考慮因素！

再問你一個問題：一瓶10元的「快跑」運動飲料，跟一瓶20元的「舒跑」運動飲料，你會買哪一種？我問過的學生，99.99%的學生都會回答我：「舒跑」。這時候我就會再問學生，有品牌的東西，品質就會比較好嗎？就都不會壞嗎？都是運動飲料，為什麼你要選擇比較貴的「舒跑」而不是買比較便宜的「快跑」？這時候也是一樣，在睡覺的學生就會突然醒來，然後回答我說：「如果我喝了有品牌的飲料，不小心中毒死亡，我媽媽還可以找得到人賠償！如果找沒有品牌的，一樣不小心中毒死掉，我媽媽會找不到人賠

償。」（思考一下這句話，有沒有覺得怪怪的地方？）所以最終的原因，就是消費者總是希望能得到一個「安心」的感覺！

有品牌，相對品質就會比較好？因為「舒跑」有品牌！為什麼它有品牌（比較有名，大家都有聽過）？因為它有打廣告嘛！「快跑」就沒有品牌嗎？有啊！它的品牌就叫「快跑」啊！只是它沒有打廣告嘛！所以你沒有聽過，你就認為它沒有品牌！你們知道嗎？有很多不管有品牌的（有打廣告的），還是沒有品牌的（也就沒有打廣告的），它們很多都來自同一個製造商！只是有打廣告跟沒打廣告的差別。所以，綜合以上的問題，也就是我們當消費者會面臨實務上的問題，最重要的事，**將來在進行所謂的創意思考過程中，如何讓使用這個產品的消費者，能有一種「安心」的感覺。**

「安心」的感覺不只是品質上的安心，還有品牌上的安心、價格上的安心、外觀上的安心及售後服務上的安心，我想你只要把這些因素考慮並設計到相關的產品上，將會是一件無敵暢銷的產品。我想只要站在消費者的立場，應該都同意「一分錢，一分貨」的概念。可是現在的商人，有多少人真的是秉持著這個理想而經營一家企業的嗎？我想，大多數的商人，都還是想把成本降低一點、獲利提高一點擺在第一個所需要追求的重點與目標。這就是「安心」。

終身保固，讓客戶感到「放心」

　　生活化的商品，通常不太會去考慮堅固及耐用，因為相對售價比較親民，還有另一個原因也就是生活化的產品技術門檻較低，所以相關產品就會推陳出新，淘汰率也會比較高。所以相對的，企業經營者就不願意把成本花費在這種產品上。

　　可是如果運用的地方不同，這點就非常重要。例如：家家戶戶都會使用的瓦斯爐、瓦斯（不管是桶裝瓦斯或天然瓦斯）或連接的管線，就一定要非常堅固、耐用，也一定要有一定程度上的品質（國家檢驗合格），不然可能將會造成生命財產上的危害，不可不謹慎。

　　你敢提供終身的保固服務嗎？我想這對於製造廠商而言，是一個很大的挑戰。如果品質真的很好，我想這將會是一個很好的銷售對策及手法。但相對的，只要品質一出問題就會一發不可收拾。但對於消費者的心態，一定會認為你們家的產品一定是品質很好，不然怎麼敢提供終身的保固呢？所以，**站在消費者的立場這絕對是一個可以直接攻入心臟的行銷策略，這就是「放心」**。

售後關懷,讓客戶感受到「關心」

三安中的最後一個「關心」,當消費者購買你的商品後,你有主動地關心曾購買你們家商品的消費者嗎?站在我也是一名普通的消費者,如果我購買你們家的商品後的一個月、半年後,接到不管是電話、簡訊或 LINE 的問候,問問購買後在使用上是否有什麼問題?有沒有不會用的地方?有沒有覺得使用起來不方便或怪怪的地方?是否滿意目前使用的狀況?

不管消費者怎麼樣的回答,如果是正向的回答,那很好,我們的商品沒有什麼問題。如果是抱怨的回答,那更好,因為消費者讓我們知道了,這個商品在消費者的使用上有些什麼樣的問題,好讓我們在後續商品開發上多了一些可以改進或改善的地方,這不是很好嗎?這就是「關心」。

25 善用 Google 與 AI 工具的力量

在創意、創新及創造的過程中,絕大多數的創新者都忽略了 Google 大神的功能與重要性。它是在創意、創新及創造過程中,絕對不可忽略的一個強大工具。所以我一直強調並跟學生說,一定要善用 Google 大神,因為它可以帶給我們另外的思考及工具。

我認為有一個很重要的概念:**有時候我們沒看過的東西,並不代表就沒有,只是我們沒有看過這個東西、這個產品或聽說過這件事而已。**這時就可以開啟我們的 Google 大神,請它幫我們檢索一下,到底這個東西是什麼?現在在市場上的狀況如何?

如果真的被 Google 大神找到了,當然也沒有關係,更好的是讓我們提早發現了。那我們現在就只要好好思考:它跟我們的東西到底差別在哪裡?有比我們的功能更強嗎?有

比我們價格更便宜嗎？有比我們的更簡單嗎？有比我們更漂亮嗎？這些資訊都非常重要，具有參考價值。萬一真的很不幸，找到跟我們相關的產品，而且功能比我們的更強、價格更便宜、更簡單又漂亮，那還是沒有關係。我們當然不能因此放棄，還是可以再思考：我應該要放棄這個概念或產品，馬上重新啟動另外的方案？還是我要超越它？如果沒有找到相關產品，也不代表就沒有，可能只是沒有廠商願意做或覺得沒有市場。當然，也有可能是關鍵字下得不對或範圍太大。要清楚了解各種說法、說詞、專有名詞等，這樣才能增加關鍵字搜尋的準確度。

活用 AI，讓聊天機器人成為你的神隊友

自從有了 AI 人工智慧的聊天機器人出現，在短時間內，就大大改變了我們對於人工智慧的想法，也正在逐步改變我們的生活。目前主流的聊天機器人系統，例如 ChatGPT、Bing Chat 和 DeepSeek，各自有其開發系統及擁護者。不管你使用的是哪套系統，其實用法都一樣。

我們來說明一下到底要如何來使用 AI 聊天機器人，才能真正發揮它的強大功能。首先，我們應該知道聊天機器人

第 4 章
25. 善用 Google 與 AI 工具的力量

可以幫我們做些什麼：

- **休閒娛樂**：音樂編修、遊戲製作、生成娛樂內容。
- **工作需求**：整理資料並提供建議，撰寫一份報告。
- **文案寫作**：生成文章、提供廣告標語建議。
- **程式設計**：協助生成程式碼、解釋程式碼。
- **語文學習**：協助文章翻譯或翻譯語法解析。
- **專業學習**：提供專業學習重點與整理說明。
- **圖片生成**：協助生成圖片、編輯圖片。

當然不只這些，只要你想得到的，AI 人工智慧都可以協助我們快速、有效率地完成所需的要求。

但要能真正且有效地讓聊天機器人可以精準且明確地回應我們，有幾個使用的技巧你需要清楚知道：

- 給予一個明確的指令或問法，一定要避免模糊問法
- 給予一個明確的角色，提供專業角度說明的問法

例如：

- 「請跟我說什麼是創意思考，」（模糊的問法）

- 「請幫我寫一篇關於創意思考重點整理的文章,主題是『何謂創意思考』,內容請幫我列出十個關於創意思考的技法。」(明確的問法)
- 「請以一位老師的角度,提供何謂創意思考的重點整理。」(提供明確的角色)
- 「請以一位產品工程師的角度,提供在延長線上的創意功能。」(提供明確的角色)

26 想的，跟做的，完全不一樣

愛迪生說：「思考就是要行動。」不要光在那邊想，動手做吧！不然你不會發現問題的存在。**創意、創新，最後的本質就是創造與實踐**。任何的創意、創新，如果沒有學理上的基礎理論來支撐，加上各種的經驗來輔助，我想很難會產生有價值的突破。最後，如果都只是單純地去想，沒有動手去實踐，我想最後就是這樣而已。

當我們確定要產生一件新的創意或產品前，原則上都已經經過了創意的發想、定義好了各種要解決問題的方法後，再來就是要解決問題及動手做的時候，往往這個時候才會發現，「想的跟做的怎麼都不一樣。」「想的時候都沒有問題，做的時候到處都是問題。」

例如，我曾指導學生發明的「具有升降功能之助行器」（本專利榮獲了 2016 年德國紐倫堡國際發明展銀牌），就

是為了讓行動不便需使用助行器的使用者，可以更方便、更輕鬆地站起或坐下。本專利是一種利用電力控制馬達，讓助行器可以上升（協助使用者輕鬆站立）及下降（協助使用者輕鬆坐下）。

- 但要如何讓他四個腳同時升起或同時下降？
- 你有考慮要用什麼樣的馬達嗎？
- 這個馬達上升或下降時可以支撐多少的重量？
- 這個馬達要怎麼給它電源？
- 沒電的時候怎麼充電？
- 充一次電可以使用多久？
- 電池要放在哪裡？
- 市面上有這種電池嗎？
- 安裝完成後，整個助行器的重量是多少？
- 適合需要使用助行器的人使用嗎？
- 對他們來說，這個重量是可以接受的嗎？

所以只有動手去做，才會發現後續的問題，可能是結構、技術或成本上的問題，而這些問題就會一一產生，那我們就要再從這些問題去一一突破或解決。

到底要先去申請專利，還是要先把模型製作出來？就我

前述所說的，沒有動手去做，你不會發現其他可能會產生的問題，唯有親自動手去做，你才會發現還有什麼樣的問題存在。所以我這十幾年來帶學生申請專利、製作模型及出國參與各種國際競賽的經驗發現，一定要把模型製作出來，確定都沒有問題後，再去申請專利。不然就會發現，依照先前所想的概念就馬上去申請專利，這時可能會被智慧財產局的審查官質疑或直接被打回票，導致專利核准不通過。不然就是申請專利時，原則上所稱的技術都沒有什麼問題，可是真正在製作模型的時候，就會發現很多因素或現實狀況中，難以把模型製作出來。就算製作出來了，也無法將它變成一件具有價值的創意或專利產品。

所以在臉書的團隊中，有一句口號：「**付諸行動更勝於追求完美。**」（Done is better than perfect.），也就是，先做了再說。

27 「簡單」就是一件「不簡單」的事

　　愛因斯坦曾說：「簡單，才能讓人明白。」蘋果創辦人史蒂夫・賈伯斯（Steve Jobs）也曾說：「簡單有時比複雜更難做到。」奧坎・威廉（William of Occam）所提出的奧坎剃刀定律（Occam's Razor），「如果在相同的狀況下，應該選擇最簡單的。」也就是要如何將複雜原則（The Principle of Plurality）轉換成簡單原則（The Principle of Parsimony），更簡單地說，就是要如何把複雜變簡單，但這是件不容易的事。所以**簡單、易懂、方便，才是關鍵**。現在大多數的人都不看說明書的，因為說明書的內容大多是文字的敘述，只有幾張紙的快速操作指南，會用圖片說明，才會有人看。真正的說明書都不會人看，這就是一個問題。要如何讓大家能看說明書，就是一個問題。

　　我常跟學生說：「**越簡單、越厲害。**」舉一個超厲害

的創意發明，就是可彎吸管。原本的吸管就是一根直直的塑膠管子，可是就是有人改變了現況，改變了使用的習慣，讓吸管可以彎曲，你說這種想法需要擁有艱深的技術嗎？需要唸大學才會想得到嗎？需要擁有十年以上的經驗嗎？我想未必，只要你有看過吸管，就有可能想得到。所以我常說：創意思維就是「只是看誰先想到！」

再思考一下，下列的產品，你有什麼樣的感覺？如果沒有它，你該怎麼辦？會產生什麼樣的後果？或者你沒有下列的東西，你會用什麼其它的方法來解決？

- 尿布
- 迴紋針
- 塑膠袋
- 鐵絲網
- 釘書機
- 夾鏈袋
- 鐵釘（圖釘）
- 條碼（Bar Code）
- 易撕包裝（倒三角形缺口或鋸齒狀封口）

簡單發明，遠比太空梭更厲害

你看，這些不是都是很簡單的創意發明嗎？不都是我們平常生活中在使用的東西，又簡單又方便。所以我常說，太空梭、火箭的發明我覺得還好，沒有很厲害。行動電話的發明我覺得也還好，也沒有很厲害。你思考一下，今天要讓太空梭或火箭可以發射到外太空去，國家需要動用多少的經費？動用多少位專業的博士、專家、學者，才有辦法讓太空梭或火箭發射到外太空去。但你我都可以發明一件非常簡單且生活化的產品。

成本與價值：從日常用品看創意

前述的舉例你試想一下跟太空梭、火箭、行動電話來比較的話，你就可以發現不管在成本、人力上，都是要比太空梭發射到外太空及將有線電話變成無線的行動電話的成本要節省來得多很多。但前述的東西，如果沒有的話，我很難想像我們平常的生活會有什麼樣的變化。

如何把複雜變簡單？

　　創意發明的思維中，還有一個重要的原則就是如何把複雜的變簡單的，尤其越是生活化的東西越是要簡單，還有盡量最好不要有油、有電，不要有油電的概念，可以讓產品的價格更平易近人，也因為沒有油電運用上就可較簡化、簡單，相對的生產的成本價格就會更低。越高科技的東西，相對在功能上就會越多越複雜，這也造成高科技產品都是年輕人的世界（老人對於高科技的產品都較難接受，但相對要記得這個也是一個創意發明的思維來源）。

　　是不是要有一種創新思考也可以把高科技的產品把複雜變簡單。高科技的產品如果沒有辦法簡單化，就會造成無法平民化。例如：飛機是高科技的產品，但不是普通人說可以開飛機就可以開著飛機到處飛，相對的汽車也是高科技的產品，但它讓只要通過簡單的駕駛技術能力，普通的老百姓就可以隨意駕駛著汽車到處跑，所以再強調一次，要能成為平民化的產品，就要把複雜變簡單。

　　如何讓人家一看就知道那是什麼東西、怎麼玩、怎麼用，這就是一件好發明、好設計、好創意。那要如何簡單？就是簡化，把大問題簡化成小問題，相對的難度、複雜度就會簡化。當簡化了，自然地就會簡單了。

> 逆思的
> 勝算

再思考一下，並不是什麼都可以都需要簡化或簡單化。我們都在追求最新、最快、最小、功能最好的同時，是不是也可以反向思考一下，我們也可以來追求舊的、慢的、大的、最慢、最大、功能最弱的創意思考，或許會有意想不到的創意結果？

舉個例子：最小且功能最強，與最大且功能最弱的對比就是俗稱的「老人機」。老人機有幾個特色就是數字特別大、聲音特別大、不需要有其他特殊的功能就可以快速地撥號及緊急求救按鈕，我想這些就綽綽有餘了，這不就是現在在市面上老人機的功能特色嗎？

刪除多餘的，並不等於縮小

簡單還有另一個重點，就是刪除多餘的。當在設計一件產品的過程中，要思考的重點是如何讓這件產品是一種很簡單、很容易操作並上手的產品。為什麼要這麼大？為什麼要這樣的形狀？為什麼一定要有這些零件？為什麼一定要塑膠的？為什麼一定要這種顏色？這都是要去思考的一個重點。

再來，刪除多餘的，所以體積一定會變小？這是不一定的！現在的設計不是一定都要一昧去縮小（思考一下行動電

話，從以前到現在的改變），因為根據我的實務經驗，還是有很多人都被縮小這兩個字限制了很多創意、創新及創造的產生。

從滑鼠看「簡單」與「客製化」

滑鼠是現在使用電腦時，必備的一項周邊設備，但市面上的滑鼠好像大小都差不多，顏色也通常是黑色的比較多（如果你是年紀超過 40 歲以上的讀者，我跟你說，你一定用過白色的滑鼠，對不對？那時候還有搭配鼠窩跟鼠墊喔！哈哈哈），就很少看到專門會為了特定的族群所設計的滑鼠（除了專業的電競選手所設計的滑鼠）。

所以思考一下，這個滑鼠一定要這麼大的體積嗎？為什麼要設計這樣的大小？這個大小是經過什麼數值計算後得到的結果？這是適合誰用的？是為了好掌握嗎？使用這個產品的人，年紀是屬於什麼年紀的人？如果是小朋友使用，適合嗎（小朋友的手，通常不會太大）？如果對於 20 歲到 30 歲的女性（通常是細皮嫩肉、有做指甲彩繪）適合她們使用嗎？我想這些都是要在設計與製造的過程中，要去深思熟慮的思考一下。

「簡單，真的不簡單。」我一直認為成功的商品，就是任何人一看就知道要怎麼去使用，不然就是只要簡單的說明一下，就可以馬上上手的產品，這才是一個產品成功的關鍵因素。所以，我說，發明太空梭、發明火箭或飛機，我都沒有覺得這些高科技的產品很厲害。

說真的，真的要設計出一件很簡單的產品，真的不簡單。我們再來說明一下到底所謂的簡單設計還要包含幾個重點：

- **簡易原則**：可以讓所有人快速了解或使用。簡易原則又可分為圖示說明（Illustration）或文字說明（Text description），利用簡單的圖示，即可讓人立刻分辨出所要表達的意思。例如：男生女生廁所門上的圖示、手機上的電池及收發訊號的強弱圖示、殘障車位專用上的圖示等。
- **可用原則**：不用經過特別的學習，立馬就可以去使用或操作。例如：自動販賣機的設計、電梯中控制上下樓層的開門或呼叫的緊急按鈕。

「美即好」的效應，美就是好，是我們在創意思考中不可小覷的一件事。只要是人都喜歡美麗的事物，創意思考也

是一樣。**當你在創造設計的過程中,一定要了解當時所謂的流行、品味、趨勢並融入創造、設計中。**雖然「美」在每個人的定義中都不一樣,但就我的經驗中或許美真的會讓人比較容易接受、容易上手、銷售量當然也會比較好。

結語
AI 時代的現實與挑戰

在現實的環境中,如何去實現與挑戰是我們現在面臨的一大課題。

一萬小時的有效練習

美國佛羅里達州立大學心理學系安德斯・愛立信(Anders Ericsson)教授及麥爾坎・葛拉威爾(Malcolm Gladwell)在他的著作《異數》(Outliers)中都提出了所謂的「一萬小時理論」。這個理論的重點是告訴我們,要有所努力的堅持,在學習的過程中要不斷練習、練習、再練習。唯有不斷的練習,這樣才會擁有不同於一般人的技術或能力。

這就跟德國心理學家赫爾曼・艾賓浩斯(Hermann Ebbinghaus)所提出的「學習曲線」理論一樣,唯有不斷付

出練習、付出時間及付出成本,有所不斷的堅持與練習,才會有所不同,而這種改變,才會讓我們得到更好的學習效益。莫札特 3 歲開始學習音樂,一直到 17 歲發表了第一首協奏曲,如果照這個時間來算,他練習了 14 年。所以我常說:「不管你是天才還是蠢材,如要成材,就必須擁有堅持、努力、不放棄學習及練習的精神。」

但絕對不是只要不斷練習,或只要超過一萬小時就會有所不同。如果只是單純、重複的不斷練習,這不但沒有實質效益,更是一種成本及時間上的浪費。所以**在學習與練習的過程中,要不斷去思考這個學習、這個練習所要增進的能力、技術、解決的問題是什麼?我想這才是有效且有意義的一萬小時練習過程**。這只是一個平均要練習的時間,並不是一定要超過一萬個小時就會有所不同,還要有指導者在旁的協助與指導,這一萬個小時的練習,才是有意義的。

例如:開車這個問題,以下這三位都是會開車的人,但這三種所練習的目的各有所不同。

- 公車司機(火車司機、捷運司機、垃圾車司機):每天開車的路線都是一樣的,甚至有可能在相同的時間載到相同的乘客,重複的機會很多。
- 計程車司機:雖然也是每天都在開車,但計程車司

機每天的路線都不一定,隨時可能有客人會在路邊上車,每次的客人也都會不一樣,相對的起程跟目的地的路線也都會不一樣。
- 自己開車:雖然每天出門的時間也是差不多、每天去公司的通勤路線也是差不多,但可以隨著自己的心情變換不同的路線。

這些都是一種單純且重複在做同樣的一件事,只是開的車不一樣,但這些都不會對你開車的技術增強。再舉一個例子:我們從小到大,唸書、看書、閱讀書籍的時間,絕對大於一萬個小時,甚至可以說超過十萬個小時,可是可以去真正運用到的知識有幾個?我想這畢竟是少數,所以,**一定要有目的的閱讀、要大量廣泛的閱讀,最好在閱讀的過程中,隨時有指導者在旁的協助**,我想這種閱讀才是有意義的。

但這些的練習我想不只是一萬個小時的過程,這些都會是一種習慣、一種過程且毫無意義的練習,不會因為你每天開車,你就會變得比較特別、比較厲害。大腦會控制你所要或需要的東西,也就是說當所要或需要的功能被啟動後,大腦就會自動增強學習、認知這個所要及需要的功能。就剛剛上述司機的例子,計程車司機在工作的過程中,因為每天所

駕駛的道路不同、面對每天不一樣的道路狀況，這時大腦就會刻意的練習、學習及記憶，自然地在大腦中的導航系統就會自動開啟。

時間管理與休息的藝術

愛因斯坦說：「人的差異在於業餘的時間，業餘的時間能成就一個人，當然也能毀滅一個人。」應該是說不要浪費時間啦。一個人一天只有 24 小時，但如果有 10 個人幫你分擔其他雜事或做其他不是一定要你親自處理的事，你一天就有 240 小時的時間。再簡單一點說，如果你在夜市賣雞排，一個晚上工作約 6 小時，平均可以賣 100 片雞排，那如果你在夜市承租 5 個攤位或在 5 個不同的夜市賣雞排，那麼你同樣的一天 6 個小時，可以平均賣出 500 片雞排，相對的你就有 5 倍的利潤。所以，你可以不會管理時間，但不可以浪費時間。

愛因斯坦有一次跟一位朋友約吃飯，可是那位朋友遲到了，這個時候愛因斯坦就利用這個等待的時間，思考了一個尚未解決的問題。後來朋友終於到了，這位朋友就很不好意思地跟愛因斯坦說：「抱歉！抱歉！耽誤了你的時間。」這

時愛因斯坦說：「沒有啊！你沒有耽誤我的時間，我在等待你的過程中，一直在思考一件我尚未解決的問題，所以，你沒有耽誤我的時間。」所以，**不管是在任何時間要如何有效地時間管理**，我想就是一句很簡單的話：「就是不要浪費時間。」

最後，就是**休息一下，去睡覺。千萬不要硬撐，因為硬撐真的是一件沒有意義又浪費時間的一件事**。我很喜歡睡覺，應該是這樣說，我累了，我就會馬上去睡覺，因為我很想睡覺。在我們的大腦中，會有三種運作的模式。分別為「執行模式」、「待機模式」及「睡眠模式」。

- **執行模式**：就是我們平常在做的事，每一個人在做的事都不一樣，有人是在公司上班、有人在拚命創意、有人在家裡打掃、有人在學校上課，每一個人都有每一個人正在執行的事。在這個執行模式中，你的大腦就會不斷地新增、刪除、更新或修改資料庫中的資料。
- **待機模式**：就是在沒有任何壓力的狀況下所做的事，有的人喜歡看電視、有的人會滑手機、有的人會閱讀看書，有的人喜歡喝咖啡，只要是在無壓力的狀況下，就是他的一種待機模式。但所謂的待機

模式,雖然是在沒有壓力的狀況下所做的事情,但這件事情是可以隨時在要真正執行工作的時候,隨時馬上轉換到執行模式。

- **睡眠模式**:在這個睡眠模式中,你的大腦會自動地去把你這一整天所有在執行模式中的工作內容,自動地去整理、分類或歸類到它應有的地方,且會自動地去刪除大腦認為不必要、不重要的事情,最後再更新成在大腦中的資料庫。

所以說大腦它真的很神奇,你試著回想一下,你可不可以跟我說,今天早上 11:32,你在幹麼?今天下班的時候,你總共遇到了幾次紅燈?我想這些對於我們都是沒有意義且不重要的事情,但其實這些資料都在你的大腦中正在執行模式的時候,儲存在你的大腦中,只是經過了睡眠模式,大腦就會自動將這些沒有必要且沒有意義的事情,自動刪除。所以,只要好好睡一覺,隔天醒來整個人的精神就會非常好且整個人腦袋會非常清晰、舒服且充滿活力與鬥志。這就是因為睡眠,大腦自動幫你整理、分類好了,當然要找東西都會變得比較容易,有了清晰的腦袋跟活力,相對地解決問題的時候,就變成了相對的容易。

我們的大腦就是一個很大的大倉庫、一個很龐大的資料

庫，在這裡面可以放入無限多的資料。但你想一下喔，一整天的不斷把資料放到這個大倉庫（資料庫）裡，資料都是隨意堆疊、亂放的，只要有位置就放，放了一整天這麼多的資料，當然你的資料一定雜亂無章地亂放，更不用說可以馬上找到你所要的資料，更不用說你的大腦清晰及效率。但只要經過睡覺，你的腦袋就會自動幫你整理、歸位並清除不必要的東西。

所以我累了、只要我想睡覺了，我就會馬上去睡覺（除非有不能睡覺的原因），因為如果我沒有馬上去睡覺，我就會開始心情不好，就很容易發脾氣，除非真的不行、沒有辦法，不然我絕對馬上去睡覺。

再來，我是一個到哪裡都可以睡覺的人，我沒什麼特殊的潔癖且到任何國家也都沒有時差的問題。所以，不要為了思考而思考、不要為想而想。

其實，當眼前有一個需要解決的問題，除非真的是逼不得已，一定要馬上去解決的話，有時真的要適當的休息一下，先去處理別的事情，反而效果會更好。去泡杯茶喝、到樓下的便利商店晃一下，去買個手搖飲、看一下電視、去運動一下、發呆一下、滑一下手機……我想這都是不錯的一種方法。這也是在前文的「塗鴉思維」所說的，越是放鬆心情，越有機會產生創意。當有一個問題產生的時候，其實這

個問題不會無緣無故消失,會自然儲存在你的大腦潛意識中,然後會隨著時間的改變,自動去做相關的整理、分類、分析、連結、配對⋯⋯就是這樣,才會有所謂的靈光乍現。

興趣,才是學習的驅動力

總會有許多人跟我說:「你怎麼這麼聰明!你到底是怎麼學的?你是看了那些書?」我只是想跟大家分享,我沒有比較聰明,也沒有比較厲害,我只是花了很多時間不斷地在思考!不斷地去嘗試跟體驗各種的失敗!在所有研究關於創意思考的專家、學者及相關文獻都一致認同,創意思考是可以訓練的、是有方法及是有技巧的,我的觀點也就是本書的內容也是這樣的認為。但我認為**不管在學習任何的知識或技術,還是要回歸一個很重要的原則,就是真的是否有興趣?**

其實,再思考一下,任何的事情,如果沒有興趣在前引導或支撐,任何的訓練或技法都是沒有用的。為什麼你會喜歡閱讀?為什麼會願意花一整天的時間去閱讀,花很多的錢去買書?這就是因為閱讀會讓你很開心,讓你心情很好,這就是興趣。當你對於閱讀沒有興趣的話,你不可能花時間來閱讀,你寧願把閱讀的時間去睡覺、去看電視、去唱歌,也

不願意去翻一本書,更別要你花錢買書來閱讀,我相信這一定是一件很痛苦的事情。

創新,絕對是一種你無法預測未來 5 年、10 年、20 年後的發展趨勢,因為絕對追不上運用創新所帶來的變化。所以,**唯有不斷追求創新,才有辦法應付、勝任未來的變化。**

你可以再回過頭去看看「大腦很奇怪」這個章節,你就真的會覺得,人類真的是所有動物中最厲害的一種動物,你知道為什麼嗎?就是人類會思考啊。哎呀,又講了這麼多,不講了,去休息吧!

附錄 ❶
重要的創意發明年表

這份年表記錄了人類歷史上許多重要的發現與發明，這些都是創意的具體實踐。

40 萬年前：火（光）

19 萬年前：衣服

10 萬年前：首飾

西元前 40000 年：繪畫

西元前 25000 年：陶瓷

西元前 18000 年：投槍器

西元前 10000 年：籃子、磚頭

西元前 8000 年：船

西元前 6000 年：鏡子（打磨石材或銅鏡）

西元前 5000 年：犁

西元前 4000 年：金屬

西元前 3500 年：輪子

西元前 3200 年：墨

西元前 3000 年：下水道、曆法、風箏、青銅器

西元前 2000 年：肥皂

西元前 1599 年：日晷

西元前 900 年：滑輪

西元前 776 年：古希臘人發明了奧林匹克運動會

西元前 700 年：引水渠

西元前 600 年：貨幣

西元前 399 年：彈射器

西元前 280 年：燈塔

西元前 200 年：指南針　　　　　1778 年：抽水馬桶

105 年：蔡倫造紙　　　　　　　1792 年：斷頭臺、煤氣燈

132 年：地震儀　　　　　　　　1793 年：軋棉機

250 年：磨坊　　　　　　　　　1795 年：罐頭

700 年左右：蒸餾器　　　　　　1800 年：電池

900 年左右：馬蹄鐵　　　　　　1804 年：火車頭

1040 年：活字印刷術　　　　　　1816 年：聽診器

1044 年：火藥　　　　　　　　　1817 年：混凝土

1280 年：眼鏡、機械鐘　　　　　1820 年：電磁鐵

1338 年：沙漏　　　　　　　　　1826 年：攝影、火柴

1593 年：溫度計　　　　　　　　1831 年：收割機

1608 年：望遠鏡　　　　　　　　1834 年：冰箱

1609 年：顯微鏡　　　　　　　　1836 年：縫紉機

1642 年：計算機　　　　　　　　1846 年：旋轉式縫紉機

1643 年：氣壓計　　　　　　　　1853 年：電梯

1659 年：氣泵　　　　　　　　　1856 年：第一個電話的雛型

1687 年：蒸汽機　　　　　　　　1863 年：地鐵

1735 年：精密鐘　　　　　　　　1864 年：巴氏消毒法

1752 年：避雷針　　　　　　　　1867 年：迴紋針

1769 年：汽車（最早期原型車）　1869 年：塑膠

附錄 ❶
重要的創意發明年表

1874 年：有刺鐵絲網

1876 年：電話（有申請專利）

1877 年：麥克風

1888 年：原子筆、吸管

1890 年：飛機

1893 年：無線電

1895 年：電影、X 光、電動刮鬍刀

1907 年：紙杯

1915 年：聲納、可口可樂曲線瓶

1917 年：坦克

1920 年：微波爐、OK 蹦

1921 年：機器人

1923 年：電視、火箭

1924 年：冰棒

1927 年：電影聲音

1928 年：青黴素

1932 年：維生素 C

1934 年：紙尿布

1935 年：雷達、尼龍

1936 年：光纖

1938 年：影印機

1946 年：電腦

1942 年：核能

1945 年：計算機

1947 年：電晶體、即可拍相機

1948 年：得來速

1949 年：條碼

1953 年：DNA

1955 年：魔鬼氈（Velcro）

1956 年：立可白

1957 年：人造衛星

1958 年：積體電路

1960 年：雷射

1961 年：光碟

1963 年：易開罐

1966 年：氣泡紙

1968 年：3M 便利貼、電子遊戲機

1969 年：網際網路

1971 年：液晶顯示器、超音波、電子書、電子郵件

1972 年：電腦斷層掃描

1974 年：便利貼

1975 年：數位相機

1976 年：Apple I

1977 年：行動電話

1978 年：茶包

1982 年：蘋果公司推出第一臺個人電腦

1984 年：3D 列印

1985 年：Windows 1.01

1986 年：珍珠奶茶

1989 年：全球資訊網（WWW）

1991 年：隔熱杯套

1993 年：全球定位系統

1994 年：二維碼

1998 年：威而鋼

1999 年：隨身碟

2001 年：維基百科

2004 年：Facebook

2005 年：YouTube

2006 年：Twitter、磁浮發電機

2007 年：蘋果 iPhone 手機

2009 年：太空望遠鏡

2019 年：5G 通訊技術

2020 年：新冠病毒疫苗

2022 年：ChatGPT、生成式 AI

2024 年：三摺智慧型手機

　　關於創意、創新與創造的發現或發明，我有沒寫到的嗎？還是有寫錯的？歡迎提供指教，我們一起來分享給更多人知道。

附錄 ❷
創意金句,淬煉自大師思維

這份附錄收錄了許多古今中外名人關於創意、創新、思考與學習的經典名言。這些金句能幫助我們從不同角度,理解創意思維的本質。

關於創意的本質與來源

「專家的預測,大概跟黑猩猩擲飛鏢的精準度差不多。」
──菲利普・泰特洛克(Philip Tetlock),
美國佛羅里達大學心理學教授

「創意並非憑空製造或發明,而是由交叉滋潤的過程,再把現有的思考模式結合起來。」
──亞瑟・考斯勒(Arthur Koestler),
美國教授創意思考學者

「我從未發明過什麼東西,我只是把別人發明過的東西組合成一部汽車而已。」

——亨利‧福特(Henry Ford),美國福特汽車創辦人

「我從看過的電影中,去竊取新的構想。」

——昆汀‧傑羅姆‧塔倫提諾(Quentin Jerome Tarantino),美國名導演兼編劇家

「創意是既有事物再應用。」

——拉斯‧林斯壯(Lars Lindstrom),瑞典創意研究學者

「優秀的藝術家是模仿,偉大的藝術家是剽竊。」

——畢卡索(Pablo Ruiz Picasso),西班牙畫家、雕塑家

「創意不過是將舊的元素加以新的組合,但絕大多數取決於聯想的能力。」

——詹姆斯‧韋伯‧楊(James Webb Young),美國廣告公司總裁

附錄 ❷
創意金句，淬煉自大師思維

「想出新的事物就是創意，做出新鮮的事物就是創新。」

—— 希奧多・李維特（Theodore Levitt），
美國經濟學學者

「把簡單的事變複雜，可以發現新領域。把複雜的事變簡單，可以發現新定律。」

—— 艾薩克・牛頓（Isaac Newton），
英國物理學家、數學家

「要找到好點子前，要先想出一堆爛點子。」

—— 萊納斯・鮑琳（Linus Pauling），
美國生物學家

「想不出好點子是沒有關係，只要不斷地冒出爛點子就好了。」

—— 高橋晉平，日本企劃開發專員

關於思考與提問

「如果我有一個小時的時間去解決問題，我會先花 55 分鐘了解確定真正要解決的問題是什麼，然後再花 5 分鐘來解決。」
——愛因斯坦（Albert Einstein），20 世紀最知名的物理學家

「最嚴重的錯誤，並非提出錯誤的答案，而是針對錯誤的問題作答。」
——彼得・杜拉克（Peter F. Drucker），美國管理大師

「解決問題的根本就是邏輯思考力。」
——大前研一，日本管理大師

「當窮困來臨時，就是創造力的來臨。當富裕的時候，就是創造力的離別。」
——喬治・摩爾（George Moore），英國知名作家

「我認為：發現問題要比解決問題更困難許多。」
——查爾斯・羅伯特・達爾文（Charles Robert Darwin），英國生物學家

「生命不在於找答案,而是問問題。」
—— 布萊恩・葛瑟(Brian Grazer),
美國電影製作人

「如果你不能用最簡單的方式來表達,那就表示你還不是很懂。」
—— 愛因斯坦,物理學家

「好奇心是學習者的第一美德。」
—— 居里夫人(Madame Curie),法國物理學家、化學家

「創意聽起來沒有什麼荒謬的感覺,這就是一個沒希望的創意。」
—— 愛因斯坦,物理學家

「不創新,就等死。」
—— 彼得・杜拉克,管理大師

關於學習與實踐

「如果有 8 個小時可以砍樹，我會用 6 個小時來磨斧頭。」
—— 亞伯拉罕・林肯（Abraham Lincoln），美國總統

「不要以為自己都知道了，其實你什麼都不知道。」
—— 蘇格拉底（Socrates），古希臘哲學家

「思考就是要行動。」
—— 湯瑪士・愛迪生（Thomas Edison），發明家

「當知識、創意思考、動機達到最佳狀態，創造力就油然而生。」
—— 泰瑞莎・艾默柏（Teresa M. Amabile），美國創造力學者

「優秀的藝術家是模仿，偉大的藝術家是剽竊。」
—— 畢卡索，西班牙畫家、雕塑家

「我沒有失敗,我只是發現了一萬種行不通的方法。」
── 湯瑪士・愛迪生,發明家

「我從未度過我的童年,因為我的童年都是在模仿成年人中度過。」
── 畢卡索,西班牙畫家、雕塑家

「在浩瀚的世界中,我們要常保持著年輕的心。」
── 愛因斯坦,物理學家

關於教育與社會

「我從不讓上學妨礙我的教育。」
── 馬克・吐溫(Mark Twain),美國作家

「教育最可怕的是,累積大量無用的知識。」
── 亨利・布魯克斯・亞當斯(Henny Brooks Adams),
美國作家

「我們的教育，讓人脫離了天生的創意能力。」

—— 肯・羅賓森（Sir Ken Robinson），英國教育家

「人的差異產生於業餘時間，業餘時間能成就一個人，當然也能毀滅一個人。」

—— 愛因斯坦，物理學家

「我看到的創意都是來自團隊，而不是來自個人的創意。」

—— 基斯・索耶（R. Keith Sawyer），
華盛頓大學心理系教授

關於創意、創新與創造的發現或發明，我有沒寫到的嗎？還是有寫錯的？歡迎提供指教，我們一起來分享給更多人知道。

附錄 ❸
淬煉自我的創意金句

　　這些金句是我從事教學、發明與顧問工作二十多年來的心得與體悟，也是我希望與大家分享的核心思想。我深信，這些簡單卻深刻的道理，能幫助你重新看待創意與人生。

關於創意與思維

　　「有問題，才會有創意。有想要，才會有創新。有需要，才會有創造。有需要，才會有市場。有需要，才會有想要。有問題，才會有發明。」

　　「每個人的家庭教育、學校教育及社會教育都不同，所以就算在相同的時間或環境，每個人的創意與思維都會有所不同。」

　　「如果你跟別人一樣，你就會跟別人一樣；如果你跟別人不一樣，你才會跟別人不一樣。」

「角度不同,思維就會不同。你看的價值,跟我看到的價值,當然也會不同。」

「當你認為是理所當然的時候,那就表示你失去了創新能力的時候。」

「人對已知的事務會產生習慣,對於未知的事物會產生好奇。」

「一種毫無價值的東西,對有需要的人,它就會產生價值。」

「有很多的創意,都來自於意外的發現及碰撞所產生。」

「有標準答案的知識,就是沒有價值的知識。」

「創意,真的,只是在比誰先想到而已。」

「越簡單的創意,就是越厲害的發明。」

「創意是改變習慣,創新是創造價值。」

關於學習與成長

「要獲取知識,最快的方法就是上課、聽演講,然後遇到問題一定要馬上發問。因為看書時遇到問題,書它不會回答你。」

「當你會發現問題,那就代表你有在思考,當你有在思

考,也就代表你在成長。」

「要不斷的學習,並將學習的內容運用在日常生活中,這就是一種智慧。」

「當你認為你都沒有問題了,那就完了,因為你根本就不知道問題在那。」

「教室內的成績,只是真實的分數。教室外的成就,才是真正的成功。」

「閱讀,是全世界獲取知識最慢、最沒有效率的一種方法。」

「我不可以決定我的出生,但我可以決定我的未來。」

「學會閱讀、學會思考、學會創新、學會合作。」

「老師教學度年如日,學生讀書度日如年。」

「只要有了標準答案,就沒了創意思考。」

「有問題的人,才是會持續成長的人。」

「學習如何失敗,學習如何學習。」

「沒跌過一跤,怎麼站得起來。」

關於工作與人生

「你時時刻刻都要會、都要能思考,唯有在睡著的時

候,不用。」

「別人只會看到你的成功,不會看到你往成功這條孤獨的路程。」

「找工作很簡單,但要找到理想中的工作不簡單。」

「把危機變轉機、把問題變機會、把困難變動力。」

「年輕人所擁有的,就是承擔風險的能力。」

「做了以後,才能知道自己的能力到那裡!」

「你的未來與價值,決定你的思維能力。」

「沒有笨問題,只有笨蛋才不會問問題。」

「總是有機會的,千萬不要輕易的放棄。」

「唯有渴望,才會看到你想要的東西。」

「平凡,就是要去發現不平凡的存在。」

「不甘你的出生,那就發揮你的人生。」

關於心態與態度

「我每天都在後悔,後悔我沒有足夠的時間去閱讀我想要閱讀的書。」

「當有了標準的答案,相對的就會去限制了你的創意思考。」

附錄 ❸ 淬煉自我的創意金句

「知識要運用才會產生力量、失敗要常有才會產生能量。」

「思考沒有標準答案的問題，才是思考的最高境界。」

「不是沒有時間，只是你認為不重要。」

「要會思考，懂得思考、運用思考。」

「沒跌過一跤，怎麼站起來。」

「不要空想，要有夢想。」

「簡單，真的不簡單。」

翻轉學系列 152

逆思的勝算
世界發明冠軍教你 3P 解題思維，打造 AI 時代最稀缺的創新能力

作　　　　者	陳俊成
封 面 設 計	Dinner Illustration
內 文 排 版	黃雅芬
出版二部總編輯	林俊安

出　　版　　者	采實文化事業股份有限公司
執 行 副 總	張純鐘
業 務 發 行	張世明・林踏欣・林坤蓉・王貞玉
國 際 版 權	劉靜茹
印 務 採 購	曾玉霞
會 計 行 政	李韶婉・許俽瑀・張婕莛・李韶婕
法 律 顧 問	第一國際法律事務所　余淑杏律師
電 子 信 箱	acme@acmebook.com.tw
采 實 官 網	www.acmebook.com.tw
采 實 臉 書	www.facebook.com/acmebook01

I　S　B　N	978-626-431-086-4
定　　　　價	420 元
初 版 一 刷	2025 年 9 月
劃 撥 帳 號	50148859
劃 撥 戶 名	采實文化事業股份有限公司
	104 台北市中山區南京東路二段 95 號 9 樓
	電話：(02)2511-9798　傳真：(02)2571-3298

國家圖書館出版品預行編目資料

逆思的勝算：世界發明冠軍教你 3P 解題思維，打造 AI 時代最稀缺的創新能力 / 陳俊成著 . – 台北市：采實文化，2025.9
256 面；14.8×21 公分 . --（翻轉學系列；152）
ISBN 978-626-431-086-4（平裝）

1.CST: 創造力　2.CST: 思維方法　3.CST: 創造思考教學

521.426　　　　　　　　　　　　　　　114009471

采實出版集團
ACME PUBLISHING GROUP

版權所有，未經同意不得
重製、轉載、翻印